Hugo Gardners neues Leben

suhrkamp taschenbuch 5262

Als Hugo Gardner, einst ein erfolgreicher Auslandskorrespondent für ein renommiertes Magazin, erfährt, dass seine – wesentlich jüngere – Frau Valerie sich nach vierzig Jahren Ehe von ihm scheiden lassen will, fällt er aus allen Wolken, hatte er sich doch auf einen ruhigen gemeinsamen Lebensabend eingestellt. Während er Valeries Beweggründe zu begreifen versucht, trifft er auf einer Reise nach Paris seine frühere Geliebte Jeanne wieder, die er immer noch hinreißend findet. Die beiden nähern sich einander wieder an und genießen die gemeinsamen Stunden – doch kann ein Neuanfang nach all den Jahren und angesichts alter Verletzungen wirklich gelingen?

Louis Begley, 1933 in Polen geboren, arbeitete bis 2004 als Anwalt in New York. Als Schriftsteller wurde er mit seinem Roman *Lügen in Zeiten des Krieges* weltweit bekannt. Seine Bücher wurden in über 18 Sprachen übersetzt und vielfach ausgezeichnet.

Christa Krüger übersetzte u.a. Werke von Louis Begley, Penelope Fitzgerald und Richard Rorty. Sie lebt und arbeitet in Berlin.

Zuletzt erschienen: *Schmidts Einsicht* (st 4415), *Erinnerungen an eine Ehe* (st 4549) und *Mistlers Abschied* (st 4683)

Louis Begley
Hugo Gardners neues Leben

Roman

Aus dem amerikanischen Englisch von
Christa Krüger

Suhrkamp

Die Originalausgabe dieses Buches erschien 2020 unter dem Titel
The New Life of Hugo Gardner
bei Nan A. Talese/Doubleday, a division of Random House, Inc.,
New York.

Das Motto stammt aus: T.S. Eliot, *Das Liebeslied von J. Alfred Prufrock (The Love Song of J. Alfred Prufrock)*, übersetzt von Klaus Günther Just, in: T.S. Eliot, Ausgewählte Gedichte, Deutsch und englisch, Suhrkamp Verlag, Frankfurt 1951, S. 16.

Das Zitat »Was regt die Phantasie nun stärker an, Frau, die man verlor, Frau, die man gewann?« stammt aus: William Butler Yeats, *Der Turm (The Tower)*, übersetzt von Norbert Hummels, in: William Butler Yeats, Die Gedichte, Luchterhand, München 2005, S. 223.

Das Zitat »Das Grab ist ein heimeliger Ort [...]. Doch unumschlungen schläfts sichs dort« stammt aus: Andrew Marvell, *An seine stumme Geliebte (To his Coy Mistress)*, übersetzt von Paul Celan, in: Paul Celan, Gesammelte Werke, Bd. 5, Suhrkamp Verlag, Frankfurt 1983, S. 377 f.

Klimaneutral
Druckprodukt
ClimatePartner.com/14438-2110-1001

Erste Auflage 2022
suhrkamp taschenbuch 5262

Umschlagfoto: Jovana Rikalo/Stocksy
Umschlaggestaltung: Rothfos & Gabler, Hamburg
Druck und Bindung: CPI books GmbH, Leck
Printed in Germany
ISBN 978-3-518-47262-0

www.suhrkamp.de

Für Anka, immer
Und wieder für Grisha

In Meergewölben ward uns Aufenthalt
Bei Nixen in rotbraunen Seetangs Winken,
Bis Menschenlaut uns weckt und wir ertrinken

T.S. Eliot, »Das Liebeslied von J. Alfred Prufrock«

I

Ich wollte gerade zum Lunch gehen, da klingelte das Telefon. Auf dem Display wurde eine New Yorker Nummer angezeigt, die ich nicht kannte. Ich zuckte die Achseln: Was soll's. Ich gehe ran.

Ist Hugo Gardner zu sprechen?

Eine schwer einzuordnende Stimme. Schroff, jemand, der es nicht darauf anlegte, angenehm zu klingen. Vielleicht ein Spendeneinwerber für pensionierte Polizeichefs.

Wer ist am Apparat?

Rechtsanwalt William Sweeney. Ist Hugo Gardner zu sprechen?

Ich gab mich zu erkennen und fragte, was ich für ihn tun könne.

Ich vertrete Ihre Ehefrau, Mrs. Valerie Gardner. Werden Sie von einem Anwalt vertreten?

Ich weiß nicht, ob ich verstehe. Warum fragen Sie, ob ich einen Anwalt habe? In welcher Angelegenheit vertreten Sie meine Frau?

Ich kann einen Fall nicht mit einer Partei besprechen, die schon von einem Anwalt vertreten wird, das werden Sie verstehen. Jedenfalls wäre es besser, wenn ich mit Ihrem Anwalt spräche.

Besser wäre es, wenn Sie mir erklärten, worum es hier eigentlich geht. Je abhängig von Ihrer Auskunft würde ich womöglich meinen, ich brauchte einen Anwalt oder auch nicht. Also bitte, fangen Sie an.

In Ordnung, Hugo. Soweit ich weiß, ist Ihre Frau ein paar Tage verreist, geschäftlich unterwegs. Richtig?

Ich wollte diesen Herren eigentlich bitten, mich mit Mr. Gardner anzureden. Stattdessen sagte ich: Ja, das ist richtig.

Mrs. Gardner möchte sich scheiden lassen. Sie hat mich gebeten, Sie davon in Kenntnis zu setzen und darauf zu dringen, dass Sie sich einen Rechtsbeistand sichern, damit die Sache schnell und glatt über die Bühne gehen kann. Das ist der Grund für meinen Anruf. Ihre E-Mail-Adresse lautet hugo.gardner1932@gmail.com, sagte mir Mrs. Gardner. Wenn das korrekt ist, schicke ich Ihnen gleich im Anschluss an unser Telefonat eine Mail mit meinen Kontaktdaten, damit Ihr Anwalt sich mit mir in Verbindung setzen kann.

Einen Moment, bitte, sagte ich. Was soll das heißen: Meine Frau will sich von mir scheiden lassen? Das ist mir ganz neu.

Sie hat sich schon gedacht, dass Sie sich überrascht geben würden. Sie wünscht die Scheidung wegen unmenschlicher Behandlung, und sie macht das Zerrüttungsprinzip geltend. Dass sie recht hat, werden Sie wohl zugeben.

Den Teufel werde ich tun.

Wir wollen nicht streiten, Hugo. Sie erhalten eine E-Mail von mir. Danach erwarte ich eine Nachricht von Ihrem Anwalt.

Er legte auf.

Ich hatte vorgehabt, allein in meinem Club zu Mittag zu essen und dann in eine Fotografie-Ausstellung im MoMA zu gehen. Beides konnte warten. Zwölf Uhr fünfzehn. Also neun Uhr fünfzehn in San Francisco. Ich rief Valerie auf ihrem Handy an. Sie war keine Frühaufsteherin. Ich nahm an, sie würde im Fairmont in ihrem Bett frühstücken. Ich ließ es mehrmals klingeln. War sie im Bad, oder hatte sie beschlossen, den Anruf nicht anzunehmen, als sie sah, dass ich der Anrufer war? Aber nein, sie antwortete. Ein müdes: Ja.

Hallo, Valerie, sagte ich, ich habe gerade eine sehr merkwürdige Unterhaltung mit einem Mann namens Sweeney hinter mir. Er behauptet, dass er Anwalt ist und dass du dich scheiden lassen willst. Was ist los?

Was los ist, hat dir Bill Sweeney gerade gesagt. Ich kann nicht mehr mit dir leben. Lieber würde ich sterben. Ich will die Scheidung *le plus vite possible*.

Warum sie es nützlich fand, französische Brocken in die Unterhaltung einzustreuen, war mir schleierhaft. Das Ganze war mir schleierhaft.

Ich glaube, ich träume, antwortete ich. Vor zwei Tagen bist du abgereist. Mit dem Morgenflieger. Nach einem sehr herzlichen Abschied. In der Nacht davor hatten wir uns geliebt. Jedenfalls schien es dir zu gefallen. Ich habe dir erzählt, dass ich Karten für Eugen Onegin besorgen wollte, und du hast gesagt: tolle Idee. Karten für dich und mich. Was ist denn zwischen vorgestern und heute passiert? Soll dies ein schlechter Scherz sein?

Passiert ist, dass ich mich letzten Dienstag von dir habe ficken lassen, wie gewöhnlich, wenn ich Ruhe brauche vor einer Reise, bei der beruflich etwas für mich auf dem Spiel steht. Verstehst du, was das heißt? Achtest du überhaupt auf irgendetwas? Merkst du jemals, was um dich herum vorgeht? Weißt du nicht, dass man mit dir lebt wie mit einer Leiche? Nicht mal wie mit einem Zombie. Mit einer Leiche, die noch nicht unter der Erde ist! Ich kann dich nicht ausstehen, seit Jahren schon kann ich dich nicht mehr ausstehen. Weißt du das denn nicht, du Blödmann?

Nein, nichts davon weiß ich. Warum hast du nichts gesagt, bevor du mir Mr. Sweeney geschickt hast?

Machst du Witze? Damit du mir wieder drei Stunden lang auseinandersetzt, wie sehr ich mich irre? Es ging nicht anders.

Tatsächlich, sagte ich. Kennen die Kinder deine Gefühle? Wissen sie, dass du an Scheidung denkst?

Barbara kennt meine Gefühle bestimmt. Hältst du sie für schwachsinnig? Dass ich dich definitiv verlasse, habe ich ihr noch nicht erzählt, aber Roddy wird sie eingeweiht haben. Er hat Bill Sweeney empfohlen.

Aha, sagte ich, zog einen Stuhl unter der Küchenarbeitsplatte hervor und setzte mich.

Aha, wiederholte ich. Und wie sehen deine nächsten Schritte aus?

Das war eine dumme Frage, merkte ich, aber ich hatte geredet, ohne nachzudenken, wie auf Autopilot geschaltet.

Ich fahre nächsten Mittwoch wieder in die City zurück. Am Donnerstag gegen elf Uhr möchte ich in die Wohnung kommen, um Kleider und ein paar andere Dinge zu holen. Du bist dann besser nicht da. Mrs. Perez kann aufpassen, dass ich mich nicht am Familiensilber der Gardners vergreife. Du solltest deinen Anwalt mit Bill Sweeney bekannt machen. Du wirst wohl diesen Idioten Weinstein engagieren, nehme ich an.

Als die Kanzlei, die für meinen Vater und später auch für mich gearbeitet hatte, ihre Abteilung für Trusts und Vermögensverwaltung schloss, hatte Larry Weinstein es übernommen, sich um mein Testament und die Trusts zu kümmern, die ich für die Kinder eingerichtet hatte. Mein Steuerberater hatte ihn empfohlen, und Larry bewährte sich, er war sogar deutlich intelligenter als sein Vorgänger, ein alberner Squash spielender Yalie. Mrs. Perez war unsere Haushälterin. Zufällig hatte sie mir ein paar Stunden zuvor mitgeteilt, sie habe ihre Periode und werde nicht zur Arbeit kommen. Heute war Donnerstag. Mrs. Perez' Perioden konnten sich hinziehen, aber trotzdem, bis nächsten Donnerstag … Wenn sie dann immer noch unter irgendeinem neuen Vorwand ausfiel, würde ich in der Wohnung auf Valerie warten. Vielleicht würde ich in jedem Fall da sein. Es hing davon ab, was Larry sagte.

Ich schaffte es, einen Abschiedsgruß zu krächzen, und legte auf. Was hätte ich auch noch sagen sollen.

Kein Witz, sagte Larry, als er sich meine Geschichte angehört hatte.

Ich war am selben Nachmittag noch zu ihm gegangen, gleich von meiner Lieblings-Hamburger-Kneipe aus, wo ich mir einen Cobb-Salat von tausend plus Kalorien, ein Fassbier und einen doppelten Espresso zuführte. Zur Hölle mit dem Kalorienzählen. Selbst wenn ich ein, zwei oder drei Pfund zunahm, war ich immer noch dünn genug. Und ohnehin scherte sich keiner um meine Gürtellinie, oder? Ich hatte geplant, im Club zu Mittag zu essen, aber der Gedanke, am Mitgliedertisch zu sitzen und mit meinen Nachbarn Konversation zu machen, stieß mich ab. Ich trank meinen Kaffee, zahlte die Rechnung und machte mich auf den Weg zu Larrys Büro.

Ich gab keine Antwort, also sagte er es noch einmal: Kein Witz. Und Sie hatten keinen Schimmer?

Ich schüttelte den Kopf.

Hat sie einen anderen?

Keine Ahnung, erwiderte ich. Mich trifft es wie ein Blitz aus heiterem Himmel. Wenn da ein anderer ist, hat sie sich's nicht anmerken lassen. Ich bin nicht misstrauisch, das sollte ich dazusagen. Wahrscheinlich würde ich es als Letzter merken. Ich möchte Sie etwas fragen. Sie kennen meinen Sohn Rod. Ich weiß noch, dass Sie mein Testament und den Trust mit ihm durchgegangen sind.

Larry nickte.

Finden Sie plausibel, was er getan hat? Dass er seiner Mutter einen Scheidungsanwalt besorgt, ohne mir etwas davon zu sagen? Ohne darauf zu bestehen, dass sie ihm freistellt, mir Bescheid zu geben?

Das ist merkwürdig, erwiderte Larry. Wundert mich nicht, dass es Sie aufbringt. Zu seiner Verteidigung: Vermutlich hat er gedacht, er würde Ihnen beiden einen Gefallen tun, wenn er seiner Mutter Bill Sweeney empfiehlt. Bill wirkt ruppig, aber er ist kompetent und alles in allem vernünftig. Sie hätte sich jemanden aussuchen können, der sehr viel übler ist.

Verstehe. Und was jetzt?

Valerie ist eine sehr energische Person. Für mich klingt es, als habe sie sich entschieden, so dass es sinnlos ist, eine Versöhnung oder Vermittlung zu versuchen. Sweeney wird Sie auffordern, einer Trennung zuzustimmen. Wenn Sie die Vereinbarung unterschreiben, wird es möglich – falls Sie keinen Einspruch erheben, und warum sollten Sie das tun? –, die Scheidung einvernehmlich einzureichen. Das Scheidungsurteil kommt dann ziemlich schnell durch.

Ohne dass ich ihr einen Scheidungsgrund gegeben habe?

Er lachte. Im Staat New York gilt die schuldunabhängige Scheidung. Sie haben mir erzählt, was Sweeney sagte: unmenschliche Behandlung – das heißt, Sie haben sie schlecht behandelt – und Zerrüttung der Beziehung. Nach dem New Yorker Scheidungsrecht ist das gut genug – oder schlimm genug. Wie Sie wollen. Ich habe Ihnen erklärt, dass sie eine Trennungsvereinbarung anstreben werden. Anschließend werden Sie hören, wie viel Geld sie verlangt, welche Möbel, Kunstgegenstände und so weiter. Der Rest, also die Schuldfrage, ob Sie wirklich ein Monster sind und so weiter, ist dann irrelevant.

Geld?

Sicher wird sie Geld verlangen, vielleicht Alimente, vielleicht eine Abfindung, vielleicht beides.

Selbst wenn es ihre Idee ist und ich nichts angestellt habe, weder Ehebruch begangen noch sie verprügelt, geschlagen oder angebrüllt habe? Ich brülle nicht.

Er nickte.

Und damit muss ich einverstanden sein?

Nein, aber wenn Ihre Frau entschlossen ist und Sweeney es ihr nicht ausredet, werden Sie ihr am Ende einen erheblichen Anteil dessen, was sie verlangt, zugestehen oder einen Rosenkrieg mit ihr anfangen, der womöglich vor Gericht entschieden wird.

Das würde ich wohl nicht wollen. Und sie?

Schwer zu sagen. Sie meinen, Ihre Frau habe Sie nicht gewarnt. Das kann gut bedeuten, sie hat einen anderen, und dieser andere hat das Heft in der Hand. Was immer sie verlangt, wird bis zu einem gewissen Grad verhandelbar sein, aber dass sie und Sweeney ein glattes Nein hinnehmen, bezweifle ich.

Ich überlegte und sagte, er habe wahrscheinlich recht.

Sind Sie in der Lage, mich in den Verhandlungen gegen sie zu vertreten, fragte ich. Und übernehmen Sie solche Fälle?

Ja auf beide Fragen, antwortete er. Sie war nie meine Mandantin, also entsteht kein Konflikt für mich. Sie ist nur eine Begünstigte in Ihrem Testament, das Sie übrigens schleunigst ändern sollten. Und ich habe an so vielen Trennungsvereinbarungen und Scheidungen mitgearbeitet, dass ich mich Sweeney gewachsen fühle. Wenn wir aber absehen, dass dies vor Gericht endet, müssten wir vielleicht jemand anderen ins Spiel bringen.

Das sind die ersten guten Nachrichten, die ich heute höre. Eine Frage habe ich noch: Sollte ich in der Wohnung sein, wenn Valerie kommt und ihre Sachen holt? Am nächsten Donnerstag. Soll ich mich fernhalten? Was ist am besten?

Ich würde gerne Sweeney anrufen und ihm sagen, dass ich mit von der Partie bin und dass Sie planen, in der Wohnung zu sein, wenn Ihre Frau kommt. Warten wir ab, was er dazu meint. Vielleicht ist er strikt dagegen, dann sollten wir eine Konfrontation vermeiden. Oder vielleicht sagt er, in dem Fall werde er Valerie begleiten. Daraufhin könnten Sie beschließen, dass Sie mich dabeihaben möchten. Übrigens muss ich Sie bitten, mir ein Mandatierungsschreiben zu unterzeichnen.

Mir recht, sagte ich. Ich erwarte Ihren Anruf und den Brief. Und jetzt muss ich schleunigst weiter.

In Wirklichkeit hatte ich alle Zeit der Welt. Ich wurde nirgendwo erwartet, aber ich wollte lieber gehen, bevor ich mitten im Büro meines Anwalts weinend zusammenbrach.

Sie kam tatsächlich mit Sweeney in die Wohnung. Um nicht ins Hintertreffen zu geraten, hatte ich Larry an meiner Seite. So waren beide Anwälte der Flut ihrer Häme und Anschuldigungen ausgesetzt. Sweeney hatte einen Stapel Klebezettel zur Hand, die Valerie an das Zeug heftete, das sie haben wollte. Als sie und Sweeney aufbrachen, sagte Larry, wir würden uns ihre Forderungen notieren und entsprechend reagieren. Das löste bei Valerie eine Sturzflut von sarkastischen Bemerkungen aus, und Sweeney machte viele Worte, die ich mir nicht anhörte.

Sie kam noch zweimal mit Sweeney in die Wohnung und einmal allein in das Haus in Bridgehampton. Bis zur Unterzeichnung der Trennungsvereinbarung ließen wir weniger als vier Wochen vergehen. Ich merkte, dass ich wenig Lust zum Widerstand hatte – wozu auch? Sie nahm einen Batzen von meinem Geld, obwohl sie mich wegen eines Mannes verließ, der acht oder zehn Jahre jünger war als sie, ein Kerl namens Louis Leblanc, bei dem sie schon eingezogen war, Eigentümer eines schicken Restaurants in Chelsea. Bald kam heraus, dass sie schon seit einer ganzen Weile mit ihm geschlafen hatte. Sie nahm sämtlichen Schmuck mit, auch die Kunstgegenstände, die ich ihr in den beinahe vierzig Jahren unserer Ehe geschenkt hatte, dazu die meisten Gemälde und Zeichnungen an den Wänden unserer Wohnung und des Hauses in Bridgehampton – außer den Porträts meiner Familie (sie sagte, beim Anblick dieser Scheißbostoner sei ihr immer schlecht geworden). Gott sei Dank besaß sie nicht die Frechheit, unsere Wohnung für sich zu verlangen (die ich mit meinem Geld gekauft hatte, als ich von meinem letzten Auslandsposten in die Stadt versetzt wurde) oder Anspruch auf das Haus in Bridgehampton zu erheben, das ich von meiner verwitweten kinderlosen Tante Hester geerbt hatte, die auch meine Patin war.

Wie sich zeigte, bin ich einfach dumm oder nur altmodisch genug, um im Unterbewusstsein damit einverstanden zu sein, dass der Ehemann sich bis aufs letzte Hemd ausplündern lässt, unabhängig von der Schuldfrage und den Begleitumständen – Valerie hat mittlerweile nicht unerhebliche eigene Ersparnisse und dazu die Karriere gemacht, die ihr so wichtig ist. Außerdem befand ich mich in einem Schockzustand aus Fassungslosigkeit und tiefer Traurigkeit. Warum tat sie das? Weil ich ein Kadaver bin? Zugegeben, sie ist eine wohlgeformte und noch sehr hübsche Einundsechzigjährige, und ich bin vierundachtzig, aber richtig ist auch, dass ich nur zehn Pfund mehr wiege als seinerzeit im College, als ich im Squashteam spielte, dass ich fit und bei guter Gesundheit bin – abgesehen von dem kleinen Problem, dass Krebszellen sich in meiner Prostata verlustieren – und dass ich noch einen ansehnlichen Haarschopf habe. Gut meinen es diese Krebszellen offenbar nicht mit mir, aber der sehr kultivierte Urologe, der sich um meinen Intimbereich kümmert, seit ich seinen Vorgänger, einen geschwätzigen und unverschämt teuren Iren, abserviert habe, ist mit mir einig, dass wir die Sache vorläufig im Guten oder Schlechten auf sich beruhen lassen sollten. Nur umschreibt er das mit einem medizinisch und politisch korrekteren Fachausdruck. Er ist bereit, sich auf die Strategie des Watchful Waiting – des Abwartens und Beobachtens – einzulassen. Warten worauf? Dass ich an etwas anderem sterbe? Oder darauf, dass die kleinen Biester sich auf den Weg machen, um sich in meinen Knochen, meiner Leber oder weiß Gott wo sonst noch einzunisten? Wenn es so weit kommt, gönne ich mir ein Ticket erster Klasse nach Zürich. Einer meiner alten Journalistenfreunde wird eine diskrete Klinik für mich ausfindig machen, ich werde mit ihm ein ausgezeichnetes Mittagessen im »Drei Könige« einnehmen und mich dann in diese Klinik bringen lassen. Dem freundlichen Arzt dort meinen Obolus zu zahlen und den Styx zu überqueren, wird eine Erleichterung für mich sein.

Ich habe Journalistenfreunde erwähnt. Vielleicht sollte ich das erklären. Gleich nach dem College meldete ich mich freiwillig zum Militärdienst, wie praktisch alle, die ich kannte, und diente zwei Jahre. Nach der Grundausbildung im Fort Dix in New Jersey war ich im *Supreme Headquarters Allied Powers Europe* in Fontainebleau stationiert. Dort im *SHAPE* fand ich einen Dienstverpflichteten, der im Harvard College zwei Jahrgänge über mir gewesen war. Wir freundeten uns an. Als er demobilisiert wurde, hatte ich noch ein paar Monate Dienst, und bevor er ging, sagte er, wenn ich interessiert sei, würde er versuchen, mir einen Job bei *Life* zu vermitteln, wo er vor dem Militärdienst gearbeitet habe und wohin er jetzt wieder zurückkehren werde. Ich war in der Redaktion der College-Zeitung gewesen und sehr angetan von seinem Angebot. Er hielt Wort. Einen Monat nachdem die Army mich zurück nach New York City transferiert hatte, stellte ich mich bei der Zeitschrift vor. Meine Eltern waren nicht begeistert – mein Vater, Partner bei Morgan Stanley, hatte erwartet, dass ich Ökonomie oder Jura studieren würde, und meine Mutter blies in das gleiche Horn –, aber dies war die Arbeit, auf die ich gehofft hatte. Drei Jahre später wurde das elegante neue *Time-Life*-Haus eröffnet, und ich zog Leine – jedenfalls sahen manche meiner *Life*-Kollegen das so. Aus meiner Sicht war der Wechsel zur *Time* ein unverhoffter brillanter Karrieresprung. Mein in der Schule gelerntes und in den Jahren in Fontainebleau auf Hochglanz poliertes fließendes Französisch, ergänzt durch ein gewisses natürliches Talent, wie ich ohne falsche Bescheidenheit sagen kann, bescherte mir einen Posten als Auslandskorrespondent. Während einer lebenslangen Laufbahn bei der *Time*, die mich im Zickzack durch Europa und Lateinamerika geführt hatte, war ich nacheinander Chef des Pariser und des Moskauer Büros. Als ich drei Jahre in Moskau gewesen war, bot man mir einen Posten als leitender Redakteur in New York an. Ein Jahr später wurde ich Chefredakteur. 2005 ging ich in den Ruhestand. Diesmal verließ ich wirklich ein sinkendes Schiff.

Leider hatte die Zeitschrift, so wie ich sie gekannt hatte, keine Zukunft mehr. Aber ich war dem Rat meines Vermögensverwalters gefolgt und hatte so gut wie alle Aktien der Gesellschaft, die ich nach und nach als Mitarbeiteroptionen erworben hatte, auf ihrem Höchststand verkauft. Die Erlöse machten mich zusammen mit dem, was ich von meinen Eltern und meiner Tante Hester geerbt hatte, zu einem Mann mit mehr Vermögen, als ich erwartet hatte.

Damals in den siebziger Jahren hatte Valerie in London für die *L. A. Times* gearbeitet, den Job verloren, war nach Paris gezogen und suchte händeringend Arbeit; ein Mann, der mit uns beiden befreundet war, machte uns miteinander bekannt und bat mich, ihr zu helfen. Das tat ich. Über Kollegen verschaffte ich ihr eine Teilzeitstelle bei der *Herald Tribune* im Ressort für die weniger anspruchsvollen kulturellen Ereignisse. Eins kam zum anderen. Um Klarschiff zu machen, gab ich einer Französin den Laufpass, mit der ich eine dauerhafte, sexuell hoch befriedigende und entspannte Beziehung gehabt hatte. Warum ich sie verließ? Das ist eine lange verwirrende Geschichte. Valerie war ein paar Jahre jünger als meine Freundin, zum Anbeißen süß und so herrlich amerikanisch! Ich wollte ein amerikanisches Mädchen, eine amerikanische Ehefrau haben. Unsere beiden Kinder, Roddy und Barbara, sind beide in Paris geboren. Kurz nach Barbaras Geburt richtete Valerie ihre Energie auf die französische Küche, nahm an Cordon-bleu-Kursen teil und erfand sich neu als Gourmetköchin und Kochbuchautorin, inspiriert von Julia Child. Eine wirklich sehr erfolgreiche Autorin: Ihre beiden letzten Kochbücher wurden schnell Bestseller, sie hatte eine Fernsehserie »Kochen mit Valerie« im NPR und zwei Bücher auf der Backlist, *Authentische Gerichte aus dem Périgord* und *Eine Amerikanerin kocht in Moskau Koulibiak und Borschtsch* wurden wieder aufgelegt und verkauften sich wie Fleischpiroggen. Paradox, und in meinen Augen auch undankbar, begründete sie ihren moralischen Anspruch auf einen Teil meines Kapitals damit, dass meine herausragende Stellung als Journalist anfangs die volle Anerkennung ihrer Arbeit blockiert habe, da Kritiker sie als meinen Schützling, als bloßes Anhängsel eingestuft hätten. Vielleicht ganz zu Anfang? Aber ich hätte gedacht, dass mein Einfluss, soweit davon die Rede sein kann, ihr eher die Startmöglichkeit verschaffte, die sie brauchte und die sich eindeutig positiv auf ihre Karriere auswirkte. Ich habe nie versäumt, ihr Mut zu machen. Die Gelegenheit, in vielen Küchen als Gourmetspezialistin, Chefköchin und so weiter aufzutreten und die Restaurantkritiker-Mafia kennenzulernen, verdankt sie mir. War das unfair? Ein Beispiel für die männliche Dominanz in den damaligen Medien? Vielleicht, aber ich hatte das System nicht gemacht, und sie profitierte mit Sicherheit gern davon.

Als Larry anrief und mir sagte, die Scheidung sei glatt durchgegangen, dankte ich ihm, telefonierte mit meiner Weinlieferantin und ließ ihm eine Flasche Jahrgangs-Laurent-Perrier schicken, diktierte einen netten Gruß dazu und setzte mich dann an meinen Schreibtisch und vergrub das Gesicht in den Händen. Was sollte ich tun? Feiern oder klagen, dass eine Frau gegangen war, die ich nach vierzig Jahren Ehe immer noch liebte und begehrte, die Mutter meiner Kinder? Allein feiern oder zusammen mit Freunden? Mit welchen Freunden, welchem Freund, das war die Frage. Tim Harris, ein Schulkamerad aus dem College, der in der City wohnte, noch genug Kondition hatte, um zum Essen und Trinken auszugehen und noch nicht dabei war, den Verstand zu verlieren, wäre meine naheliegende erste Wahl gewesen, aber er hatte sich schon vor langer Zeit in einen Lunch-Kumpan verwandelt. Seine Frau, die ich kannte, seit sie geheiratet hatten und die ich mochte, hatte mehrfach deutlich gemacht, dass sie jetzt Valeries Freundin sei. Die beiden Frauen gingen zusammen zum Lunch, zu Ausstellungseröffnungen und Konzerten; wenn Jill anrief und ich ans Telefon ging, sagte sie kaum hallo, bevor sie nach Valerie fragte; wenn wir abends etwas zu viert unternahmen – was immer seltener geschah –, konzentrierte sich Jill ganz auf Valerie und ihre kulinarischen Großtaten. Ich hatte nichts dagegen gehabt. Vom Beginn unserer Ehe an hatte ich mich gewissenhaft darum bemüht, sie in den Kreis meiner Freunde und Kollegen zu integrieren. Ich gebe nicht damit an. Es war einfach nur richtig und nötig. Sie war so viel jünger und fremd in dem Milieu meist älterer Leute, die, beruflich gesehen, alle arriviert und in vielen Fällen zu einigem Ansehen gekommen waren. Als wir nach New York übersiedelten, gab ich mir weiter Mühe, sie einzubeziehen. Mittlerweile wurde sie als Kochbuchautorin bekannt, aber sie hatte nie in der City gelebt und hatte keinen eigenen Bekanntenkreis, während ich, rundheraus gesagt, nicht nur in New York geboren und aufgewachsen war, sondern aufgrund meiner Stellung auch Macht und Ansehen besaß. Eine Frau, die wie Valerie neu in die City kommt, greift oft auf Schulkameradinnen aus dem College zurück. Aber Valerie war ins Reed College in Oregon gegangen, und ich glaube, sie hat nie versucht, in New York Ehemalige aus diesem College zu finden. Mit ihrer Fernsehsendung änderte sich natürlich alles radikal. Sie wurde zu einer kleinen Berühmtheit. Dass unser geselliges Leben von Valerie bestimmt wurde, erschien ganz natürlich. Wir gaben viele Einladungen zu Hause; Valerie kochte hervorragend und unwiderstehlich; beim Servieren und Aufräumen hatten wir fachkundige Helfer; und sie bezauberte unsere neuen Gäste genauso, wie sie von Anfang an meine alten New Yorker Freunde bezaubert hatte. Und so wie mich damals, als ich ihr in Paris Hilfe leistete. Genau genommen, hatte ich nicht die Energie oder auch nur den Wunsch, einen meiner alten Kollegen und Freunde bei der *Time*, Altersgenossen oder jüngere Autoren und Lektoren, die für mich gearbeitet und mich als ihren Mentor betrachtet hatten, anzurufen und zu sagen: Hör mal, es gibt Neuigkeiten, Valeries und meine Scheidung ist durch, wollen wir zusammen zum Dinner gehen?

Zu dumm. Ich wäre gern in eines der Bistros in meiner Gegend gegangen (hier am Carnegie Hill gibt es genug davon) oder in das norditalienische Restaurant in den fünfziger Straßen, das ich besonders schätze, und hätte mir einen Martini, eine Flasche guten Wein und ein gutes Gespräch gegönnt. Aber wussten diese Leute von Valerie und mir und hatten beschlossen, sich aus der Sache herauszuhalten und deshalb nichts von sich hören lassen, weder telefonisch noch per E-Mail, um zum Beispiel zu sagen, es tue ihnen leid, oder zu fragen, ob sie irgendwas für mich tun könnten? Konnte es sein, dass sie nichts wussten? Ich hatte außer Tim niemandem erzählt, dass sie mich verlassen hatte, aber das hieß nicht, dass sie nicht geredet hatte. Vielleicht hatte sie dafür gesorgt, dass sie und ihr Monsieur Leblanc mit genau den Paaren feierten und dinierten, die für mich als mögliche Gesellschaft bei einem Dinner in Frage gekommen wären? Warum auch immer, ich rief niemanden an, und keiner rief mich an.

Ich arbeitete bis ungefähr acht Uhr an meinem Buch mit dem vorläufigen Titel *Der üble Trick: Wie George W. Bush uns in den Krieg führte* – und konsumierte gleich hier bei mir, begleitet von meiner alten Rigoletto-CD, nicht einen, sondern zwei Martinis, kaltes Brathuhn und fast eine ganze Flasche Burgunder. Lang lebe die Musikkonserve! Ich konnte eine meiner Lieblingsopern hören und verschont bleiben von den Schrecknissen der neuen Peter-Gelb-Inszenierungen in der Met. Mit dem Buch kam ich gut voran, das Material hatte ich zusammen bis auf ein paar Lücken, die ich in der New York Public Library füllen konnte oder sehr oft auch online. Ich schwankte zwischen Wut auf das, was das Duo Bush-Cheney dem Land und dem gesamten Nahen Osten angetan hatte, und wildem Gelächter über ihre Dummheit. In W.s Fall zeigte sich die Begriffsstutzigkeit deutlich in verbalen Ausrutschern und Ankündigungen, die im Nu vom Gang der Ereignisse lächerlich gemacht wurden. Cheneys grundlegende Dummheit war schwerer zu erkennen. Sie verbarg sich hinter der Rolle der machiavellistischen Gewieftheit, die er sich zugelegt hatte und den Medien und Politikern beider Parteien glaubhaft vorspielte. Wie sonst würde man die fatalen Schachzüge erklären, die er W. einredete, sei es der Angriff auf den Irak oder die Arbeit »auf der dunklen Seite« des Krieges und die Beschädigung der Ehre des Landes? Ich hoffte, das Buch würde mir so gut gelingen, dass es mich aus dem Loch herausriss, in das Valeries Weggang und vorher einige Reaktionen auf mein früheres Buch mich gestoßen hatten. Das war eine Studie, eigentlich nur ein langer Essay über Bill Clintons Präsidentschaft gewesen. Ich hatte ihn einige Male interviewt und gemerkt, dass ich immun gegen seinen Charme war. Meiner Einschätzung nach hatte er nur eine solide Leistung für sich zu verbuchen: die dringend nötige Steuererhöhung, die er energisch in Gang setzte. Seine Tatenlosigkeit angesichts des Völkermordes in Ruanda und die sehr verspätete Reaktion auf den Balkankrieg waren erschreckend, und sein beschämendes persönliches Benehmen setzte das Amt des Präsidenten herab und ebnete W. den Weg ins Weiße Haus. Es kam kaum darauf an, ob diese Einschätzung richtig oder falsch war. Als mein Buch veröffentlicht wurde, trieb die Clinton-Maschinerie schon Hillary als die unvermeidliche demokratische Präsidentschaftskandidatin des Jahres 2016 voran, und das Buch verärgerte ihre Fans unter den Rezensenten und politischen Analysten. Nicht alle Kritiker oder Wortführer gehörten zu ihrer Clique. Im konservativen und rechtsextremen Lager wurde ich vollmundig gelobt – nicht ganz die Instanz, an deren Beifall mir liegt.

Nein, zu feiern gab es nichts, nur Schmerzen in einem Winkel meiner Psyche zu lindern. Ich ging später als sonst und leicht beschwipst zu Bett. Zwei großzügige Portionen Small Batch Bourbon nach dem Dinner taten ihre Wirkung. Ich war mir sicher, dass ich ohne Mühe einschlafen und vielleicht bis sieben oder acht Uhr morgens durchschlafen würde.

Entspann dich, Hugo, redete ich mir zu. Morgen ist wieder ein Tag.

Noch ein idiotischeres Klischee für den Anlass fiel mir nicht ein.

II

Ja, morgen kam, wieder ein Tag in Hugo Gardners neuem Leben, der sich als ziemlich alltäglich erwies. Ich presste gerade die üblichen zwei Apfelsinen für meinen Frühstückssaft aus, da klingelte das Telefon. Es war Mark Horowitz, der vor kurzem in den Ruhestand gegangen war und vorher in der *NYT* das Ressort Innenpolitik geleitet hatte. Seine Frau Edie lehrte noch an der Columbia Mathematik. Ich hielt sie für ein gutes Paar. Mark lud mich zu einer Party am kommenden Montag ein.

Das wird eine bunte Mischung sein, kündigte er an. Der alte Haufen und ein paar von Edies Kollegen. Viel zu essen und viel zu trinken. Kein besonderer Anlass. Nur eine Party. Übrigens hat mir jemand gesagt, Valerie und du, ihr hättet irgendwie Probleme. Wir möchten, dass du weißt …

Klar, er versuchte zu sagen, dass ich herzlich eingeladen sei, auch wenn ich allein käme, und ich unterbrach ihn und musste gegen meinen Willen lachen. Ja, sagte ich, so kann man es auch ausdrücken. Wir sind geschieden – seit gestern, genau genommen. Sie hat mich verlassen wegen eines Kerls mit Namen Louis Leblanc, dem *La Bonne Bouffe* unten in Chelsea gehört. Ich glaube, sie lebt mit ihm zusammen.

Ich konnte Marks Erleichterung spüren.

So etwas hat man mir mehr oder weniger zu verstehen

gegeben, erklärte er mir. Wie auch immer, Edie und mir tut es sehr leid, und wir hoffen, du kommst. Von halb neun bis zum bitteren Ende. Allein oder in Begleitung, wie du willst.

Ich werde da sein, erwiderte ich. Im Moment gibt es keine Begleitung. Ich komme nur selbst. Sehr gern, wirklich. Danke. Und grüß Edie herzlich!

So, die Katze war aus dem Sack. Wenn Mark Bescheid wusste, obwohl weder er noch Edie Valerie besonders nahestanden, dann redeten die Leute jetzt über uns, wahrscheinlich Leute, von denen ich nicht gedacht hätte, dass sie uns als Gegenstand für Klatsch interessant finden würden. Die gute Nachricht war, dass ich nicht allen Bekannten, die ich zufällig traf, mitteilen musste, wir hätten uns getrennt. Ich konnte stillschweigend voraussetzen, dass sie es schon wussten. Die schlechte Nachricht war, dass sie vielleicht wer weiß was über uns erzählten.

Als ich darüber sinnierte, während ich meinen Orangensaft trank, klingelte das Telefon schon wieder. Ich las auf dem Display: P. Ludington. Ich sagte: Hallo, Penny!

Sie klang atemlos wie immer schon, auch in den alten Zeiten am Radcliffe; das bedeutete nicht notwendig, dass sie gerannt war. Es war ihre Art, sexy zu klingen. Damit hatte sie Erfolg, seit ich sie kenne. Hugo, hauchte sie. Bist du dieses Wochenende draußen am Strand? Ich habe von der Sache mit Valerie gehört. Wie absolut schrecklich! Du musst sehr bestürzt sein.

Wie ist die Wettervorhersage?, fragte ich dagegen.

Perfekt, versicherte sie, sonnig und sogar warm.

Wenn die Vorhersage stimmt, werde ich draußen sein,

sagte ich. Diesen Winter bin ich kaum in meinem Haus gewesen. Ich denke, es steht noch. Irgendjemand – einer meiner Hausbesorger – hätte mir wahrscheinlich Bescheid gesagt, wenn es abgebrannt oder die Rohre geplatzt wären!

Kommst du dann am Samstag zum Dinner? Nur ein paar Leute. Acht Uhr?

Gern.

Hugo, warum hat Valerie das gemacht?

Das Streben nach Glück. Ein amerikanisches Grundrecht.

Sie hatte es gut mit dir getroffen, Hugo, und das wusste sie auch. Alle haben es gewusst. Ein dämlicher Fehltritt, wenn du mich fragst. Vergiss nicht, das Datum in den Kalender einzutragen. Samstag um acht. Ganz zwanglos.

Ist notiert.

Ich war bald nach dem Ende der Verhandlungen mit Valerie und ihrem Anwalt und nachdem ich die Trennungsvereinbarung unterschrieben hatte, für die ganze Sommersaison nach Bridgehampton gefahren und hatte dann das getan, was ich dort immer tat, bis auf Veränderungen, die damit zusammenhingen, dass ich zum ersten Mal, seit ich das Haus geerbt hatte – ein Jahr nach der Heirat mit Valerie –, allein war. Ohne Valerie, ohne Kinder, ohne Enkel. Ohne dass Valerie sich über ihre Einladungen zum Dinner oder das Rezept für ihr neuestes Gericht aufregte. Das war mir recht. Morgens ging ich als Erstes zum Ende der Einfahrt, klaubte die *Times* auf und machte mir Frühstück. Gloria, unsere Haushälterin in Bridgehampton, kam nicht täglich; wenn sie nicht kam oder eine Nachricht geschickt hatte, dass sie sich wegen Verkehrsstau oder Problemen mit dem Wagen verspäten werde, räumte ich die Küche auf und machte mein Bett. Dann rasierte ich mich, duschte und ging an den Strand. Den Strand von Bridgehampton erreicht man mit dem Fahrrad gemütlich in weniger als zehn Minuten, aber ich bin lieber am Gibson-Lane-Strand, der weiter weg ist, und nehme das Auto. Ich bin nie gern Fahrrad gefahren, und besonders ungern »teile ich mir die Straße« mit Fahrern von der Sorte, die jetzt die Hamptons heimsuchen, aggressive Blödmänner in protzigen Wagen. Der Ozean war so warm, wie er hier sein kann. Ich lasse dann den Beutel mit meinem Handtuch, der trockenen Badehose und einem Kamm etwa hundert Meter vom Eingang entfernt liegen und gehe nach Osten, am Peters Pond vorbei in Richtung des modernen Backsteinhauses über der Düne, das das schönste Bauwerk hier gewesen ist, bis die neuen Eigentümer es durch einen unglaublich hässlichen Umbau verschandelt haben. Wenn der Sand fest ist, laufe ich weiter bis nach Georgica. Wieder am Ausgangspunkt, verstaue ich mein Hemd im Beutel und stürze mich in die Brandung – wenn sie nicht zu heftig ist. Lange werde ich das nicht mehr können, die Tage sind gezählt, also mache ich das Beste aus meiner Zeit in den Wellen. Gewöhnlich schwimme ich am Ufer entlang gegen die Strömung und habe es dann auf dem Rückweg leicht. In der Nähe der Düne ziehe ich mir die trockene Badehose an. Außer an verlängerten Wochenenden ist keiner da, der Anstoß an meinem Tanz der sieben Schleier nehmen würde, und selbst an solchen Wochenenden stört es niemanden. Wenn ich wieder zu Hause bin, versuche ich zu arbeiten, bis ich hungrig werde. Das ist das Signal, zum Postamt in Sagaponack zu fahren. Weil es dort angenehmer ist, Geschäftliches zu erledigen, als in Bridgehampton, habe ich mir ein Schließfach in Sagaponack gemietet und zahle gern die Gebühren, die für nicht Ortsansässige anfallen. Bei Loaves and Fishes an der Kreuzung von Sagg Main und Route 27 kaufe ich mir einen Salat für meinen Lunch und vielleicht ein paar Scheiben Roastbeef zum Dinner. Ich halte auch an dem Farmstand ein paar hundert Meter weiter oben an der Straße, hoffe, dass die junge Frau da ist, die ich das Mädchen mit der goldenen Haut nenne, und kaufe Kopfsalat, Tomaten – die besten auf der Welt – und Obst. Wenn ich es langweilig finde, das Essen auf meinem Küchentisch auszubreiten, fahre ich vom Postamt direkt weiter zur Candy Kitchen, einem Imbiss in Bridgehampton, und nehme dort mein Mittagsmahl ein. Immer das Gleiche, immer an der Theke: Räucherlachs auf Weizenvollkorntoast und zahllose Tassen Kaffee. Die anmutige Geschäftigkeit der griechischen Familie, die den Imbiss betreibt, und einen Blick auf die Schlagzeilen auf der ersten Seite der *Post* und *Daily News*, die zusammen mit *Times*, *Wallstreet Journal*, *Financial Times* und der Lokalpresse ausliegen – mehr Unterhaltung brauche ich nicht.

Ein, zwei Mal pro Woche – immer an einem Wochentag – gehe ich zum Dinner in das American Hotel in Sag Harbor, spät, wenn der Geräuschpegel gewöhnlich gesunken ist. Und das war's dann auch. Die meisten meiner alten Hampton-Kumpane sind in den letzten zehn, fünfzehn Jahren gestorben. Einer ist weggezogen, um seinem in New Hampshire wohnenden Sohn näher zu sein. Ein Klassenkamerad versinkt in Demenz. Tja. *Unsre Reihen lichten sich von Jahr zu Jahr/, ein Zeichen, dass wir beinahe erledigt sind/nie wieder bemerkt von vielen, nie mehr geliebt von einem Menschen …* Die zwei, drei restlichen Freunde ungefähr in meinem Alter und die dünn gesäten jüngeren Leute, die ich mag, ließ ich nicht wissen, dass ich den Sommer in Bridgehampton verbrachte. Warum nicht? Valerie war der Hauptgrund dafür. Ich wollte nicht hören, was die Leute über sie zu sagen hatten: weder Worte des Mitgefühls mit mir, weil sie mich verlassen hatte, noch feindselige Bemerkungen über sie. Außerdem rechtfertigte ich mich vor mir selbst damit, dass ich versuchte, hart zu arbeiten. Der stärkste, der wahre Grund aber war, dass alle, die ich wirklich gern gesehen hätte, schon tot waren. Die Arbeit ging voran, ohne mir viel Befriedigung zu verschaffen. Jeden Tag fragte ich mich, ob ich es nicht einfach sein lassen sollte. Aber ich tippte weiter, und wenn ich ein für den Tag ausreichendes Quantum Seiten geschrieben hatte, hielt ich einen Mittagsschlaf oder schwamm ein paar Längen im Pool. Danach ließ ich mich leise volllaufen. Philip Larkin hat den Nagel auf den Kopf getroffen, als er schrieb: *Ich arbeite den ganzen Tag, und nachts bin ich halb betrunken.* Ich vertrage Alkohol nicht mehr so gut wie früher, also bin ich nach ein paar ordentlichen Gläsern Bourbon fast ohne Eis oder einem Wodka aus dem Tiefkühlfach und ein paar Gläsern Wein beim Essen schon benebelt.

Meine Kinder bewahrten ein Stillschweigen, das mich

zuerst verwirrte und dann zunehmend kränkte. Sicher, ich hatte ihnen vor langer Zeit erklärt, sie müssten mich nicht regelmäßig und nach Plan anrufen – tägliche Anrufe hatte mein Vater nach dem Tod meiner Mutter von mir verlangt, mit dem beharrlich wiederholten, unausstehlichen Satz: Bitte ruf mich jeden Tag an, um sicherzugehen, dass ich noch am Leben bin –, und ich hatte sie wissen lassen, automatische Gesten und Phrasen seien mir zuwider. Als meine Tochter Barbara zum Beispiel irgendwann begann, ihre Anrufe bei mir mit der Floskel »lieb' dich« zu beenden, habe ich mir diesen Tick erbarmungslos verbeten. Mein Wunsch war: Ruft mich an, wenn ihr etwas sagen oder erbitten wollt. Wie sich zeigte, konnten Barbara und Roddy die Regel, dass man den Alten nicht dauernd im Auge behalten muss, mühelos verinnerlichen. Und ich gewöhnte mich daran, dass sie selten anriefen und dann oft eher nebenbei mit mir telefonierten: wenn sie mit dem Auto eine langweilige Strecke abfuhren oder die Abendnachrichten ansahen, die ich im Hintergrund hören konnte. Barbaras Anrufe, die sie gezielt lancierte, gleich nach meinem Frühstück und bevor ich aus dem Haus ging, waren oft von der »ich hätte da eigentlich was, worum ich dich bitten möchte«-Sorte. Ordentlich übersetzt hieß das: Ich brauche Geld von dir. Für die Klavier- und Tanzstunden der Kinder, fürs Sommerlager und dergleichen mehr. Warum ihr Ehemann, ein Dermatologe mit einer Praxis in Wellesley, einem nach meiner Kenntnis immer noch wohlhabenden Vorort, nicht für dieses Zeug aufkommen kann, weiß ich nicht. Ehrlich gesagt, ist es mir ziemlich gleichgültig. Wenn ich zum Beispiel gebeten werde, das erste

Jahr meiner Enkelin Trudy an einer privaten Ganztagsschule zu finanzieren, mit einer Summe, für die ich mir einen Mercedes-Zweisitzer kaufen könnte, dann antworte ich: aber selbstverständlich. Warum sollte ich nein sagen? Ich habe kein Bedürfnis, Eigentümer eines Zweisitzers zu werden, und ich liebe meine Tochter und die Enkeltöchter bedingungslos. Roddy hat noch keinen ernsthaften Überfall auf mein Bankkonto versucht, was mich irgendwie überrascht. Er verdient in seiner nicht ganz spitzenmäßigen Anwaltskanzlei recht gut, aber ich glaube, das ist nicht der Grund für seine Zurückhaltung. Wahrscheinlich liegt es eher daran, dass es in Chappaqua, wo sie einen knappen Kilometer oberhalb von den Clintons wohnen, brauchbare staatliche Schulen gibt. Ich musste nur für das Sommerlager seiner Zwillingssöhne und ähnliche Kleinigkeiten aufkommen. Immer, wenn mir Barbaras und Roddys Telefongespräche mit ihrer Mutter wieder einfielen, wuchs mein Ärger darüber, dass sie mich so vernachlässigten, das muss ich zugeben. Barbara telefonierte oft und lange mit Valerie. Rod, wie von einem vielbeschäftigten Anwalt nicht anders zu erwarten, rief sie weniger häufig an und blieb nie fünfzehn, zwanzig Minuten am Telefon. Aber seine Frau Carla, eine holländische Studentin, die er an der Harvard Law School kennengelernt hatte, eine gutmütige, gewichtige Blondine mit ungefähr so viel Charme wie ein Stück Gouda, sprang für ihn in die Bresche.

Warum haben mich die Kinder vernachlässigt? Aus grundsätzlicher Gleichgültigkeit gegenüber meinem Wohlergehen? Aus aggressiv zur Schau gestellter Loyalität gegenüber ihrer Mutter, was wirklich unangebracht war, denn sie ließ mich wegen eines anderen Mannes sitzen, mit dem sie mich schon eine ganze Weile betrogen hatte, und ihr wurde in der Trennungsvereinbarung alles zugesprochen, was sie haben wollte, weil ich ein naiver Tropf war? Sie behauptete nicht im Ernst, dass ich ihr Unrecht getan hätte; genau genommen behauptete sie nur, dass sie mich nicht ausstehen könne. In Wahrheit ließ sie mich sitzen, weil sie sich in einen viel jüngeren Mann verliebt hatte. Einen gut aussehenden Kerl, das musste ich zugeben, nachdem ich ihn gegoogelt und Fotos von ihm betrachtet hatte. Grollten meine Kinder mir wegen anderer Dinge, auf die ich nicht kam? Mir fiel nur ein, dass es wahrscheinlich nicht viel Spaß machte, sich mit mir zu unterhalten. Vielleicht konnten sie mich inzwischen ebenfalls nicht mehr leiden. Das war traurig, aber eigentlich egal. Auch die weitgehende Leere um mich herum machte mir nicht viel aus. Schon vor Valeries Abschied war ich kaum zum Lunch ausgegangen (gelegentliche Mittagessen in meinem Club zählte ich nicht mit). Die Leute, deren Einladungen zum Dinner mich freuten, wurden immer weniger. Die Dinner, die Valerie mit so viel Elan zu Hause gab, das waren eben ihre Essen und mir deshalb ganz recht. Daran war nichts Mysteriöses. Die traurige Wahrheit ist, dass ich sie geliebt hatte und mich über alles freute, was ihr Vergnügen machte. Dass sie weg war, schmerzte mich mehr, als ich mir vorgestellt hatte. Ich glaube, im Bett fehlte sie mir am meisten. Nicht so sehr, weil ich auf Sex aus gewesen wäre – womöglich hatte ihr Weggang das Schwinden meiner Libido beschleunigt –, sondern weil ich mich nach der Nähe ihres warmen Körpers sehnte.

Um mein schönes Haus in Bridgehampton kümmerten sich die Haushälterin Gloria, Gus, der Mann für den Pool, der Gärtner Ricardo, Jeremiah, der Mann für alles, und der Hausbesorger Sam. Nette Leute, die wussten, dass sie es mit mir gut getroffen hatten, und die gelassen auf die Nachricht reagierten, dass Valerie nicht mehr kommen werde, jedenfalls nicht zusammen mit mir, aber da die Hamptons eben die Hamptons waren, nahm ich an, sie konnten sich vorstellen, dass die Dame in absehbarer Zeit als Gefährtin eines anderen, reicheren Mannes und insofern als neue Arbeitgeberin und Einnahmequelle wieder in die Gegend zurückkehren würde. Das Gleiche konnten sich die taktvollen Eigentümer und die Aushilfen am Obststand, im Loaves and Fishes, der Candy Kitchen und im Baumarkt vorstellen. Wie es sich wohl in der City ausnehmen würde, fragte ich mich. Auf meinem Stockwerk waren noch zwei andere Wohnungen. Wir begrüßten uns munter im Fahrstuhl, aber sonst hatte ich keinen Kontakt mit den Nachbarn. Valerie und die Ehefrauen nannten einander beim Vornamen – vielleicht die Ehemänner auch –, sie wusste, in welche Schulen die Kinder gingen, wer wo arbeitete und so weiter. Keiner dieser Nachbarn hatte ein Wort über ihr Verschwinden verloren. Offenbar waren sie von Valerie darauf vorbereitet worden. Aber was genau hatte sie ihnen erzählt? Das Personal im Haus – die Fahrstuhlführer, die Portiers, der Hausmeister und der im Gebäude wohnende Verwalter – das war etwas anderes. Mir war sehr klar, wie genau sie das Leben der Hausbewohner und das Auf und Ab ihrer Schicksale im Auge behielten. Ich meinte, sie seien mir gewogen, wenn auch womöglich nur, weil ich ihnen großzügige Trinkgelder gab. Der eine oder andere schlug mir sogar gelegentlich auf die Schulter, eine äußerst vertrauliche Geste, die für meinen Vater Grund genug gewesen wäre, für die Entlassung der Männer zu sorgen. Was hatten sie hinter unserem Rücken gesagt, bevor Valerie mich verließ, und was sagten sie jetzt, da sie diesen netten Mr. G. hatte sitzen lassen? Ich wäre jede Wette eingegangen, dass sie über meine Ehe und was bei uns schiefgelaufen war mehr wussten als ich. Natürlich verloren auch sie mir gegenüber kein Wort darüber.

An einem Tag im August regnete es so stark, dass ich mich gegen den Gang zur Post oder zur Candy Kitchen entschied. Ich blieb in meinem Arbeitszimmer, tat so, als sei ich beschäftigt, wartete aber in Wirklichkeit ungeduldig, dass Gloria ging. Ich hatte Hunger. Sie war hereingekommen und hatte gefragt, ob sie mir den Tisch zum Mittag decken solle, aber ich hatte ihr gesagt, sie solle sich keine Mühe machen, ich würde in Sag Harbor eine Kleinigkeit essen. Ich wollte wirklich nicht, dass sie anbot, dazubleiben, um den Salat zu waschen oder das Geschirr wegzuräumen oder sonstwelche guten Taten zu tun, die ihr gerade einfielen, und vor allem wollte ich sie nicht sagen hören, wie leid es ihr tue, dass ich allein essen müsse. Sobald sie gegangen war, deckte ich selbst den Tisch, in der Küche statt im Esszimmer, schlug vier Eier auf, quirlte Rührei und spülte es mit einer halben Flasche italienischem Rotwein herunter. Der Mensch muss sich in schlechtem Wetter bei Kräften halten, sagte mein Vater immer, und nachdem ich meinen Kaffee getrunken und das Geschirr abgeräumt hatte, ging ich hinauf, um mir einen Mittagsschlaf zu gönnen. Zur Hölle mit der Arbeit. Schließlich musste ich keine Frist einhalten. Ich fand es angenehm bis luxuriös, mich auf dem Bett auszustrecken und in das Grenzland zwischen Denken und Träumen zu gleiten. Während ich mich dort aufhielt, nahm ein Projekt in meinem Kopf Gestalt an. Ich wollte ein anderes Lebewesen unter meinem Dach ansiedeln – nur dachte ich mir weder eine Köchin noch eine Freundin als Hausbewohnerin. Ein netter Hund sollte es sein. Meine Erfahrung mit Hunden war begrenzt. Die Dackel, die meine Eltern gehalten und wunderbar gefunden hatten, schnappten nach mir, als ich klein war, und ein paar Mal hatten sie mich sogar blutig gebissen. Als ich größer wurde, gingen sie dazu über, mich zu ignorieren. Aber sie hatten mich nicht gegen alle Hunde eingenommen, nur gegen ihre Rasse. Ich kannte einen sehr liebenswürdigen Hund, eine französische Bulldogge namens Hugo, ja, das Tier hieß wie ich, das konnte ein gutes Omen sein, und gehörte Sally Porter, meiner Cousine zweiten Grades, einer eleganten Geschiedenen in Southhampton, die sich mit siebenundfünfzig oder achtundfünfzig ihr sehr gutes Aussehen durchaus noch bewahrt hatte. Ihr Hugo hatte Gefallen an mir gefunden, sprang mir gleich bei unserer ersten Begegnung, als Valerie und ich zu Sally zum Dinner gingen, auf den Schoß. Ich hatte mich auch in ihn verliebt. Ich trank einen Kaffee, rief Sally an und fragte sie, wo ich eine französische Bulldogge wie Hugo finden könne.

In der Tierhandlung, sagte sie mir.

Ich lachte und entgegnete: Du bist eine echte Komikerin geworden.

Jetzt gluckste sie. Nein, das ist kein Witz. Dort fragt

man nicht: Was kostet das Hündchen im Schaufenster, das mit dem Wackelschwanz? Als Jodie gestorben war – ihr altgewordener Foxterrier, den ich auch gekannt und gemocht hatte –, habe ich den Tierarzt gebeten, mir einen Frenchie-Züchter zu empfehlen. Aus irgendeinem Grund hatte ich beschlossen, ein Frenchie solle es sein. Wahrscheinlich, weil sie so verschieden von meiner guten Jodie sind.

Gehen Sie nicht zu einem Züchter, riet mir der Tierarzt, der gibt Ihnen den Welpen, den er gerade verkaufen will, und nicht unbedingt den, den Sie haben möchten. Sie hätten keine Wahl. Dort heißt es: den oder keinen. Gehen Sie in eine Tierhandlung. Ich gebe Ihnen Namen und Adresse des Geschäfts, das Sie sich ansehen sollten. Die haben die besten Tiere, und Sie können mit den Welpen spielen und entscheiden, welchen Sie wirklich mögen. Wenn es dort gerade keinen Frenchie gibt, wird man Ihnen sagen, wann wieder einer oder gar zwei hereinkommen.

Das habe ich also gemacht, fuhr sie fort. Wenn du mit dem Tierarzt sprechen willst, wird er dich sicher gern beraten. Er ist nett.

Ich glaube, den brauche ich nicht, erklärte ich ihr, deine Empfehlung reicht mir. Ich rufe in der Tierhandlung an, und wenn sie einen Kandidaten haben, fahre ich in die City und sehe mir ihn oder sie an.

Mach das, antwortete sie, und wenn du deinen Frenchie hast, müsst ihr, du und Valerie, ihn zum Spielen mit Hugo herbringen.

Abgemacht, aber nur der Welpe und ich kommen, sagte ich ihr. Valerie und ich haben uns getrennt. Wir haben eine Trennungsvereinbarung unterschrieben und warten auf das Scheidungsurteil. Kein Grund, warum du das schon gehört haben solltest. Vielleicht hätte ich es dir erzählen sollen.

Das ist ja sehr schade. War es deine Idee?

Ganz und gar ihre. Sie hat einen Kerl. Einen Franzosen, der in Chelsea ein Restaurant besitzt oder leitet. Vor ein paar Monaten hat sie mich damit überrascht. Ich hatte keine Ahnung, dass es ihn gibt.

Sie spinnt. Kauf dir den Hund, und dann kommt ihr beide zum Dinner. Du wirst dich wundern, wie gut sich eine Scheidung anfühlt – nach einer Weile!

Ich dankte ihr und sagte, beides, Rat und Einladung, seien dankbar angenommen.

Am nächsten Morgen rief ich in der Tierhandlung an. Sie hatten drei französische Bulldoggen-Welpen, die, wie der Mann sich ausdrückte, reif für den Umzug seien. Ich fuhr in die City, stellte das Auto in eine Tiefgarage und ging dann die vier Querstraßen zum Geschäft nervös und erwartungsvoll zu Fuß. Ja, die Frenchies waren da, zwei braune und ein schwarzweißer. Er war größer und hatte einen breiteren Brustkorb als seine Kumpel in der Kiste.

Das ist ein Junge, erklärte der Verkäufer, die beiden anderen Welpen sind Mädchen. Außerdem ist er fast sechs Monate alt. Die beiden sind erst drei. Hier, ich setze ihn auf die Theke, dann können Sie ihn streicheln.

Der Frenchie blieb für den Bruchteil einer Sekunde sitzen. Dann sprang er mir mit der Schubkraft einer Rakete in die Arme, und, dort angekommen, begann er, mir das Gesicht zu lecken.

Der scheint Sie zu mögen, Mr. Gardner, bemerkte der Verkäufer.

Sprechen konnte ich vor lauter Lachen nicht, also nickte ich nur.

Als der Welpe sich beruhigt hatte, fragte ich den Verkäufer nach seiner Meinung, warum dieser kleine Hund so spät, noch mit sechs Monaten, zum Verkauf angeboten wurde.

Ich weiß es nicht, erwiderte er. Womöglich, weil er teuer ist. Womöglich, weil der Züchter einen Käufer für ihn hatte, der dann abgesprungen ist. Seine Anzahlung hat er natürlich verloren, aber das kommt vor. Die Verhältnisse von Leuten ändern sich. Aber er ist ein guter Welpe, und er ist schon stubenrein.

Mittlerweile gab der Welpe in meinen Armen Geräusche von sich, wie ich sie noch nie gehört hatte, irgendetwas zwischen Gurgeln und Schniefen. Er sah mich unverwandt aus vorquellenden schwarzen, von einer strahlend weißen Kornea umgebenen Augen an, wie um eine leise Ungeduld zu signalisieren, dachte ich. Worauf wartest du noch, du alter Idiot? Merkst du nicht, dass wir zwei füreinander bestimmt sind?

Ich kaufe ihn, erklärte ich dem Verkäufer, und ich möchte ihn gern gleich mitnehmen. Mein Auto steht vier Querstraßen weiter. Ich kann in zehn bis fünfzehn Minuten hier sein. Können Sie ihn bereithalten, wenn ich hier vorbeikomme?

Genau das erwartete nicht nur der Welpe, sondern auch der Verkäufer, aber zuerst kam der Papierkram. Weil der Welpe aus dem Hochadel stammte, musste sein neues Domizil ordnungsgemäß registriert und reichlich

Rat über Diät, Impfungen und den ersten möglichst bald einzuplanenden Arztbesuch erteilt werden. Wenn der Tierarzt befand, der Welpe sei nicht gesund, konnte ich ihn zurückgeben. Mir ging durch den Kopf, dass mich dazu nur ein sehr gravierendes Problem mit seiner Gesundheit bringen würde.

Und wie soll er heißen?, fragte der Verkäufer. Haben Sie schon einen Namen im Sinn? Louis ist ein beliebter Name für Frenchies. Sie können mir eine E-Mail schicken, wenn Sie sich entschieden haben.

Aber ich wusste schon einen. Er war mir auf der Stelle eingefallen: Sam.

Ein guter Name, sagte der Verkäufer. Wir brauchen Zeit, um die Formalitäten zu erledigen, wenn Sie also noch nicht gegessen haben, gehen Sie unbedingt zum Lunch und holen Sam anschließend ab.

Mein Club war wegen der Sommerferien geschlossen. Mitglieder konnten den Speisesaal von zwei anderen Clubs in der Nähe von Bloomingdale's nutzen, aber ich war zu aufgeregt, um ein gediegenes Mittagessen ernsthaft in Erwägung zu ziehen, womöglich noch an einem Ort, an dem ich, Gott behüte, zu einer Unterhaltung mit Fremden verpflichtet wäre. Ich stolperte über eine Imbissstube voller Kunden, die schon große braune Tüten erworben hatten, und kaufte mir ein Lachsbrot und einen doppelten Espresso. Über französische Bulldoggen wusste ich nichts, ich kannte nur einen einzigen Frenchie, Sallys Hugo, und dessen Aussehen und Persönlichkeit gefielen mir. Ich beschloss, Frenchies zu googeln. Sie sind athletisch, verspielt und eigensinnig, erfuhr ich; brachyzephal und deshalb bei sehr heißem und sehr kaltem Wetter gefährdet; das Körpergewicht ist im Verhältnis zur Beinlänge zu hoch, deshalb und ebenfalls wegen ihrer Brachyzephalie können sie nicht schwimmen. Das alles war schön und gut. Lebensdauer: zehn bis vierzehn Jahre. Ich zuckte die Achseln, da ich merkte, dass ich keine Ahnung hatte, wie hoch die Lebenserwartung von – sagen wir: Labradoren oder Pudeln, zwei Hunderassen, deren Anblick mir vertraut war – im Vergleich sein mochte. Und dann ging mir plötzlich ein verstörender Gedanke durch den Kopf: Der natürliche Lauf der Dinge würde sein, dass Sam mich überlebte. Ich war im Begriff, mir ein wunderbares kleines Tier ins Haus zu holen, das lernen würde, mich so zu lieben, wie ich es liebte, Zuneigung würde uns von Tag zu Tag mehr aneinander binden, und nach ein paar guten Jahren dann würde ich das Tier allein lassen. Verwaist, obdachlos, hätte er keinen Zufluchtsort außer dem Tierheim!

Würde Barbara den Hund aufnehmen? Barbara bestimmt nicht; sie hatte Katzen, ich weiß nicht, wie viele. Und Rod? Er hatte Hunde immer gehasst. Ich konnte es nicht verantworten, den kleinen Frenchie einer solchen Zukunft auszusetzen. Das wäre ungefähr das Gleiche, wie Kinder in die Welt setzen, wenn man schon so alt ist, dass man fast mit Sicherheit nicht mehr lange genug da ist, um sie großzuziehen. So wie Eddie Sharp, mein kürzlich verstorbener Zimmergenosse im Internat: Der alte Narr hatte mit sechzig plus eine halb so alte Frau geheiratet und ihr im Lauf von zwei Jahren zwei Kinder gemacht. Zehn Jahre später traf ihn der Schlag und lähmte ihn von der Hüfte abwärts. Ein paar Klassenkameraden, die ihn weniger mochten als ich, witzelten, er habe sich den Zeitpunkt so ausgesucht, dass die Kinder bald groß genug wären, ihn in seinem Rollstuhl durch den Central Park zu schieben. Ich weiß: Nüchterne Leute werden sagen, dass Eddie, seine Frau Kitty und ihre Kinder Menschen sind, während der Frenchie nur ein Welpe ist, der in einer Tierhandlung an der Lexington Avenue auf einen Käufer wartet, aber diese vernünftige Unterscheidung beruhigte mich nicht. Ich ließ mir die Rechnung bringen, zahlte und schleppte mich wieder zur Tierhandlung.

Ich kann den Welpen nicht nehmen, sagte ich dem Verkäufer. Es tut mir wahnsinnig leid. Ich entschuldige mich bei Ihnen und bei ihm. Wenn in dieser Phase schon eine Rücktrittsgebühr fällig ist, werde ich sie natürlich zahlen. Aber ich kann ihn nicht nehmen. Ich kann einfach nicht.

Warum denn nicht?, fragte der Verkäufer und klang so fassungslos, wie er aussah. Sie mögen ihn doch wirklich. Er mag Sie wirklich. Ist es der Preis?

Nein, sicher nicht, erwiderte ich. Es ist mein Alter und seine Langlebigkeit. Ich bin vierundachtzig. Beim Lunch habe ich nachgelesen, wie hoch seine Lebenserwartung ist. Zwölf bis fünfzehn Jahre. Ich möchte keine Waise hinterlassen.

Aber Sie sehen sehr rüstig aus, mein Herr, und wenn es zum Schlimmsten käme, würde doch sicher ein Freund diesen wundervollen kleinen Hund übernehmen.

Vielleicht. Aber ich kann ihn dem Risiko nicht aussetzen.

Ich hatte zweihundert Dollar in Fünfzigdollarscheinen lose in meiner Tasche und gab sie dem Mann. Er zierte sich erst, nahm dann das Geld, bedankte sich und sagte, wenn Sie es sich doch nochmal anders überlegen …

Auf dem Rückweg nach Bridgehampton fühlte ich mich ausgehöhlt und niedergeschlagener als jemals seit dem Tag, an dem ich erfuhr, dass Valerie mich verlassen würde. Für die Heimfahrt hatte ich mir ein Hörbuch von *Eine Handvoll Staub* aus der Bücherei von Bridgehampton ausgeliehen, weil ich dachte, um wach zu bleiben, würde ich vielleicht etwas Lebhafteres brauchen als das Angebot auf dem Sirius-Kanal der Metropolitan Oper. In der Gegend von La Guardia wurde der Verkehr zähflüssig. Als mein Wagen kurz zum Halten kam, schob ich die erste CD in das Gerät. Das Buch machte mich noch trauriger, wenn das möglich war. Wie Brenda Last den begriffsstutzigen, arglosen Tony sitzen ließ, das nahm ich persönlich, ich konnte nicht anders, und im Protest gegen jedes neue Beispiel grausamer Perversität schlug ich mit der Faust aufs Steuerrad. Der arme Tony hatte niemanden. Absolut keinen Menschen. Genau wie ich, seit ich langsam zu der Überzeugung kam, Barbara und Rod würden nicht zählen. Aber so hätte es nicht sein müssen. Wenn ich die kleine französische Bulldogge mit nach Hause genommen, wenn ich nicht wieder einen gewaltigen Fehler gemacht hätte, einen von den vielen, die mein Leben übersäten, dann hätte ich den kleinen Hund jetzt an meiner Seite. Pech für all die Brendas auf der Welt wäre das gewesen.

Warum hatte ich mich von diesen idiotischen Skrupeln überwältigen lassen? Der kleine Welpe war nicht der Begünstigte eines Trusts mit glänzenden Zukunftsaussichten, die ich womöglich gefährdete. Er war ein kleiner sechs Monate alter Hund, der keinen Käufer gefunden hatte und in einer Tierhandlung an der Lexington Avenue in einer Kiste saß. Wer konnte vorhersagen, wann und an wen er verkauft würde? Und was, wenn er in ein, zwei, drei Wochen immer noch nicht verkauft war? Würde der Preis so radikal reduziert, dass sich ein Käufer finden musste? Aber wenn nicht, was dann? Und wer könnte vorhersagen, dass ein Käufer, wenn er denn endlich auftauchte, dem kleinen Frenchie ein gutes Leben verschaffen würde? Ich erinnerte mich, dass es für Freunde, die Hunde haben, oft Ehrensache war, einen Hund aus einem Tierheim zu holen, ein Tier, das keiner haben wollte, dem die düstere Zukunft einer Euthanasie drohte. Die Freunde sagten, indem sie ein solches Tier zu sich nähmen, würden sie die Welpen-Massenzuchtbetriebe boykottieren, die Hunde in immer größerer Zahl auf den Markt warfen, um die Launen von Käufern zu befriedigen. Schon recht, das verstand ich, aber war Sam nicht so gut wie ein geretteter Hund, ein Hund, der ohne mein Zutun ins Leben geholt worden war, der jetzt da war und sich nach einem Zuhause sehnte? Was um Himmels willen war in mich gefahren? Warum hatte ich ihm und mir das angetan?

III

Der Sommer 2015 und die impulsive Entscheidung, den kleinen Frenchie nicht mit nach Hause zu nehmen, waren längst Vergangenheit, aber mein Bedauern wegen Sam blieb. Es blieb, obwohl ich nicht mehr bezweifelte, dass ich die richtige Entscheidung getroffen hatte. Nicht nur, weil der Welpe mich fast mit Sicherheit überleben und als Waise zurückbleiben würde, sondern auch wegen meiner Lebensweise. Wenn ich längere Zeit, wie lange auch immer, aus dem Haus ging und meine Haushälterin ebenfalls nicht da war, wäre der kleine Hund ganz allein. Welches Recht hatte ich, den Welpen gefangen zu halten – in Einzelhaft sogar, und das viele Stunden lang, nur um mich an seiner Gesellschaft zu erfreuen, wenn es mir gefiel, nach Hause zu kommen? Auf die Frage wusste ich keine Antwort. Die Tatsache, dass Hunde überall in der City genau dieses Los teilten, während ihre Eigentümer den ganzen Tag im Büro waren und die Einsamkeit der Tiere nur vom Besuch eines Hundeausführers unterbrochen wurde, war bestimmt keine Rechtfertigung.

Mark Horowitz' Einladung, die dem Scheidungsurteil so angenehm prompt gefolgt war, hatte ich angenommen. Also ging ich zu seiner Party. Am selben Tag gab Ted Cruz seine Kandidatur bekannt. Dass ein dermaßen gemein und böswillig aussehender Mensch sich anmaßte, Präsident der Vereinigten Staaten zu werden, war kaum zu glauben, aber es geschah vor unseren Augen. Joe McCarthy wiederauferstanden. Marks Gäste waren sich einig, dass Hillary ihn zur Schnecke machen würde. Wenn Republikaner unter uns waren, hielten sie den Mund. Ich auch. Mein kleines Buch über Bills Präsidentschaft hatte mich als einen Clinton-Hasser markiert. Ich wollte nicht noch Öl ins Feuer gießen, indem ich darauf hinwies, dass sie – selbst eine Kandidatin ohne jede Anziehungskraft – wohl kaum einen Gegenkandidaten zur Schnecke machen würde. Natürlich hieß das nicht, dass ich Jeb Bush, der seine Kandidatur ein paar Wochen vor Weihnachten angemeldet hatte, oder einem der anderen jämmerlichen Republikaner, die mit einiger Wahrscheinlichkeit noch auftauchen würden, meine Stimme geben wollte. Ich wusste, dass ich für Hillary stimmen würde, weil ich an Enthaltungen nicht glaube, und am Ende hielt ich mir die Nase zu und wählte sie. Wie hatte sie nur so geldgierig sein können? Erst diese empörenden Honorare für Vorträge vor Goldman-Sachs-Bankiers einstreichen, und das am Vorabend des Wahlkampfes um die Präsidentschaft, obwohl Bill und sie wussten, dass sie im Rennen sein würde, und dann dumm und ungeschickt genug sein, die Veröffentlichung des Textes ihrer Vorträge zu verweigern – aus welchem Grund? Weil sie so peinlich banal waren? Oder hatte sie ihrem Publikum skandalöse Versprechungen gemacht? Denkbar wäre es. Schließlich verdankten wir Bill die Deregulierung der Finanzmärkte mitsamt ihren bitteren Folgen. Weder die endlose Cocktailstunde noch das Dinner – Spaghetti und Fleischbällchen auf einem Teller, den man auf den Knien balancieren musste, und ein für meinen Geschmack viel zu süßer Schokoladenkuchen – hoben meine Stimmung. Die meisten Gäste kannte ich und stellte fest, dass sie um mindestens zehn Jahre gealtert waren, seit ich sie zum letzten Mal gesehen hatte. Etliche waren in schlechterer Verfassung als ich, stützten sich auf Stöcke, ließen sich am kalten Buffet von ihren Frauen helfen. Ein Kollege, der zur gleichen Zeit wie ich in Moskau für das *Wall Street Journal* gearbeitet hatte, benutzte einen Rollator. Er merkte, wie überrascht ich war, und erklärte mir, er sei am Rücken operiert worden. Wirbelversteifung, ergänzte er. Eine üble Prozedur, lass dir das nicht antun. Aber offenbar genossen alle die Party, sogar die Republikaner, falls welche da waren. Ich dagegen wünschte mir, ich hätte nicht die Ruhe und Ordnung in meiner Küche aufgegeben, wo ich mich mit Rührei und einem besseren Wein als Marks kalifornischem Merlot hätte verwöhnen können.

Am nächsten Freitagmorgen fuhr ich nach Bridgehampton und ging wie versprochen am Samstag zu Pennys Dinner. Da sie meinem Gedächtnis oder der Beständigkeit meiner Vorsätze misstraute, hatte sie in der Woche zweimal angerufen, um ganz sicherzugehen, und die Wegbeschreibung zu ihrem Haus wiederholt. Als sie zum zweiten Mal anrief, ging mir durch den Kopf, dass Valerie vielleicht das Gerücht verbreitet hatte, ich hätte Alzheimer im Anfangsstadium oder Ähnliches. Sie hatte vielleicht gedacht, das sei ein besserer Grund, mich zu verlassen als Monsieur Leblanc und sein Bistro in Chelsea. Penny verriet ich das nicht, fragte sie stattdessen, ob sie den Eindruck habe, ich verlöre den Verstand. Ich sei unzählige Male von meinem Haus in Bridgehampton zu ihrem Domizil in Springs gefahren; das könne sie doch nicht vergessen haben?

Oh nein, zirpte Penny, ich hab nur immer angenommen, dass Valerie dein Navigator sei.

Aber vor Pennys Samstagsdinner, am Mittwoch derselben Woche, traf ich mich mit meiner Tochter Barbara, zum ersten Mal seit einem Nachmittag ein paar Wochen vor Weihnachten. Sie rief am Dienstag an und sagte: Ich komme morgen Vormittag in die City. Es ist Moms Geburtstag, weißt du.

Das wisse ich, erklärte ich ihr.

Es war nämlich ein Ereignis, das wir auf mein Betreiben immer mit viel Schwung bei einem Familienlunch gefeiert hatten, gewöhnlich am Sonntag vor dem eigentlichen Datum, damit die Enkelkinder dabei sein konnten.

Ja, fuhr sie fort, aber wir feiern am richtigen Tag, in Louis' Bistro.

Vielleicht war ich begriffsstutzig geworden. Ich brauchte einen Moment, bis mir klar wurde, dass Louis der glückliche Restaurantbesitzer war.

Während ich meine Gedanken ordnete, redete sie weiter: Randy (das war der Dermatologe und Gatte) schafft es nicht, aber Roddy und Carla (meine holländische Schwiegertochter) kommen. Gott sei Dank keine Kinder! Können wir vorher Mittag essen oder so?

Sicher, erwiderte ich. Hast du ein bestimmtes Lokal im Sinn? Möchtest du, dass wir hier bei mir zu Hause essen? Du könntest auch gerne bei mir übernachten.

Nein, das geht nicht. Wie wär's mit Lunch in deinem Club? Von dort kommt man bequem zur U-Bahn.

Aha, dachte ich, sie wohnt bei *maman* und dem zukünftigen *beau-papa*. Steht die Hochzeit auch schon auf dem Plan? Noch hatte keiner sich die Mühe gemacht, mich davon in Kenntnis zu setzen.

Natürlich, sagte ich wieder. Hast du eine bestimmte Zeit im Sinn?

Zwölf, Viertel nach zwölf.

Ein paar Minuten nach halb eins tauchte sie dann auf, ziemlich unansehnlich in einem zu langen grauen Wollrock und einer grauen Strickjacke, fand ich.

Die Bahn hatte Verspätung, verkündete sie.

Ich hatte oben auf sie gewartet, an einer Virgin Mary genippt und fragte sie, ob sie gern zuerst etwas trinken oder gleich zum Lunch gehen wolle.

Lass uns gleich essen, wenn es dir nichts ausmacht. Vielleicht kann ich ein Glas Wein zum Essen trinken.

Sie aß mit Appetit, trank ihr Glas Pinot Noir, bestellte sich ein zweites, erzählte mir von den Entwicklungen in der Praxis ihres Mannes, besonders von seiner neuen Methode, unliebsames Fett (Hüftspeck, Doppelkinne und so weiter) kryogen zu entfernen, von Trudys Fortschritten in der Schule, wo sie jetzt in der achten Klasse war, und davon, dass ihre Schwester Emma für den Herbst einen Platz in dem Kindergarten bekommen hatte, in den Trudy gegangen war. Das erwies sich als Vorspann zu »Übrigens, Dad, beide Schulen verlangen eine Anzahlung«. Sie drückte mir einen Briefumschlag in die Hand und sagte: Die Rechnungen stecken drin. Kannst du deinen Scheck vielleicht direkt an die Zulassungsstelle schicken?

Ich wollte die Stimmung beim Essen nicht mit der Frage verderben, was eigentlich mit dem Scheckheft des

Dermatologen war, auch keine andere Witzelei vom Stapel lassen, also sagte ich nur: Sicher, Glückwunsch an Emma.

Es spielte wirklich keine Rolle. Zu diesem Schluss war ich gekommen, und dabei würde ich bleiben. Ich wusste, mein Geld reichte für ein komfortables Leben bis zum Ende, selbst wenn es sich hinzog, selbst wenn eine im Haus lebende Hilfe gebraucht würde. Entweder das Haus in Bridgehampton oder die Wohnung in der Stadt würde verkauft werden müssen – ich sah voraus, dass beide Bleiben zu behalten finanziell und anderweitig zur Belastung würde –, womit meine fixen Kosten sich deutlich verringerten. Barbara solche Schecks auszuhändigen oder auch Rod, wenn er sich entschied, aus Gründen der Verteilungsgerechtigkeit, wenn nicht aus wirklicher finanzieller Not, ebenfalls die Hand aufzuhalten, das bedeutete nur, dass nach meinem Tod (je früher er käme, desto besser, dachte ich allmählich, auch wenn ich dieses Tal der Tränen wer weiß wie gern hatte) weniger Geld für sie und ihre Kinder übrig blieb. Das sollte mich nicht beunruhigen, und bestimmt würde ich ihretwegen meine Zuwendungen an das Harvard College und mein Internat nicht verringern.

Ich sah, dass sie mir jetzt, da die Anzahlung für die Schule versprochen war, nichts mehr von Bedeutung zu sagen hatte, und entschloss mich, das Risiko einzugehen und von Valerie zu sprechen.

Du hast wahrscheinlich nicht daran gedacht, sagte ich, aber die Affäre deiner Mutter mit Mr. Louis Lenoir …

Spar dir das, Dad, unterbrach sie mich. Leblanc heißt er.

Entschuldigung, ihre Affäre mit Monsieur wie auch immer. Dieses Faktum und ihr Entschluss, die Scheidung zu verlangen, haben mich kalt erwischt. Verzeih mir die Frage, aber wusstest du von der Affäre? Wusstest du, dass sie mit diesem Mann geschlafen hat und so unglücklich mit mir war, wie sie und ihr Anwalt behauptet haben? Ich war ganz sicher gewesen, dass wir eine gute Ehe führen. Das hätte ich auch jedem gesagt, der danach gefragt hätte.

Ist das dein Ernst? Nein, das muss ein Scherz sein.

Es ist mir ernst. Wir haben friedlich und angenehm gelebt, hier und auf dem Land, die Arbeit und die Karriere deiner Mutter liefen reibungslos, ich habe gekritzelt und mich um meinen eigenen Kram gekümmert, also was soll der Balken in meinem Auge sein, den ich nicht sehen wollte? Vor ein paar Wochen hatte ich einen Termin bei meinem Arzt, und wir haben uns sehr lange unterhalten. Wenn er Anzeichen für Demenz bei mir festgestellt hätte, Zeichen dafür, dass ich nicht mehr weiß, was um mich herum vorgeht, dann hätte er mir das bestimmt gesagt oder mich zu einem Neurologen geschickt.

Du bist wirklich ein hoffnungsloser Fall, Dad. Dass du dement bist, behauptet niemand. Du bist einfach nur unerträglich langweilig und unerträglich selbstsüchtig. Und alt! Ich weiß, du bist vierundachtzig oder fünfundachtzig, aber du tust, als wärst du hundert. Als wärst du tot. Ein lebender Leichnam. Du willst nichts unternehmen, du willst nirgendwo hingehen, du willst keinen Menschen sehen! Na gut. Wenn Mom ein Dinner zu Hause organisierte, hast du den Wein aus dem Keller geholt und an der Stirnseite der Tafel gesessen und deine üblichen unwirschen Bemerkungen gemacht. Und wenn sie dich mal zu einem Dinner aus dem Haus gelotst hat, was für ein Zirkus! Mr. Hugo Gardner in seinem Anzug aus der Saville Row, mit Hemd und Krawatte von Charvet, alles tipptopp, schlurft neben ihr her, macht ein paar dämliche Bemerkungen und kann es nicht abwarten, wieder heimzugehen. Und wie du aussiehst, Dad! Diese Tränensäcke unter den Augen hättest du schon vor zehn, fünfzehn Jahren in Ordnung bringen lassen sollen und alle diese Leber- oder Gott-weiß-was-für-Flecken in deinem Gesicht loswerden müssen. Du siehst scheußlich aus. Mom ist noch jung und schön, und sie möchte leben und lustig sein. Wenn du Louis kenntest, würdest du vielleicht verstehen, dass ihr bei seinen Annäherungsversuchen gleich klar wurde, dass er genau das zu bieten hatte, was sie wollte, was sie brauchte.

Sie hielt inne. Ich nahm an, dass sie mit ihrer Rede am Ende war, und fragte sie, ob sie noch ein Glas Wein und Nachtisch haben wollte.

Ja, beides.

Während ein Kellner den Wein einschenkte und ein anderer den Wagen mit den Desserts herbeirollte – sie nahm einen Obstsalat –, musterte ich sie. Sechsunddreißig. Sehr hübsch. Sieht aus wie ihre Mutter. Wie war das mit den Tränensäcken? Unter ihren Augen bildete sich ein Netz von Falten. In den Mundwinkeln auch. Lippenstift natürlich nicht, Puder vielleicht.

Na ja, sagte ich, jedenfalls hast du mir die Augen geöffnet. War ich deiner Erinnerung nach immer so grässlich, auch in der Zeit, als du ein Kind und ein junges Mädchen warst?

Dumme Frage, Dad. Mom hat uns großgezogen. Du warst immer im Ausland eingesetzt oder hast bis Mitternacht gearbeitet oder was weiß ich. Ich habe das Gefühl, ich kenne dich kaum.

Da ist was dran. Meine Arbeit hat mich sehr vereinnahmt. Das passiert eben, wenn man Auslandskorrespondent ist und Redaktionsleiter und so weiter. Noch eine andere dumme Frage: Haben deine Mutter und Monsieur Leblanc vor zu heiraten, jetzt, da sie offiziell geschieden ist?

Ja. Im Sommer, wenn das Restaurant einen Monat lang geschlossen ist. Musst du sonst noch was über ihr gemeinsames Leben wissen?

Nichts über das Leben deiner Mutter mit Monsieur Leblanc. Ich hoffe, es ist so glücklich, wie sie es sich erhofft hat. Aber von deinen Töchtern wüsste ich gern mehr. Ich habe sie nicht wiedergesehen, seit deine Mutter mich verlassen hat. Nicht auf dem Land, wo ihr mich sonst immer besucht habt, nicht zu Thanksgiving oder Weihnachten, wie in den Jahren, da ihr uns immer eingeladen habt. Warum?

Mom wäre ausgeflippt, wenn ich Zeit mit dir in Bridgehampton verbracht hätte. Zu Thanksgiving und Weihnachten war sie mit Louis bei uns in Wellesley. Du hättest nicht dazugepasst, fanden wir.

Das habe ich mir allmählich auch gedacht. Jetzt habe ich noch eine letzte Frage, und sie hat nichts mit deiner Mutter zu tun: Warum wolltest du mich sehen? Nur, um mir die Schecks für die Anzahlungen des Schulgelds aus der Tasche zu ziehen? Aus irgendeinem anderen Grund?

Ich hasse dich, Dad, wirklich, antwortete sie. Und jetzt gehe ich.

Tu das, sagte ich. Den Weg hinaus findest du wohl allein. Ich möchte noch einen Kaffee trinken.

Es schien mir nur fair, meinem Sohn Rod eine gleichartige Gelegenheit zu geben, mich zu beschimpfen. Ich rief ihn unten aus dem Club an, um mich mit ihm zu verabreden, und hörte zu meiner Überraschung, dass er am nächsten Tag Zeit für ein gemeinsames Mittagessen habe. In der Kanzlei sei nicht viel los, sagte er. Die Partner gingen herum und sagten, für einen Auftrag würden sie morden.

Lunch im Club?, fragte ich. Um halb eins oder eins oder irgendwann dazwischen, wie du möchtest.

Ein Uhr. Ich treffe dich dort.

Ich hatte vor einer Weile dafür gesorgt, dass er auf die Kandidatenliste für die Clubmitgliedschaft gesetzt wurde, und man hatte ihn vor kurzem gewählt, ein kleiner Erfolg, der mir erhebliche Freude machte. Ich traf mich gern dort mit ihm zum Lunch. Es erinnerte mich daran, wie zufrieden mein Vater gewesen war, als ich Clubmitglied wurde, und mit welchem Stolz er mich bei den seltenen Gelegenheiten, wenn wir gemeinsam an den monatlichen Treffen der Mitglieder teilnahmen, den anderen Fossilien, die seine Freunde waren, als »mein Junge Hugo« vorgestellt hatte. Dass die Geschäfte in Rods Kanzlei schlecht liefen, machte mir Sorgen. Was bedeutete das für sein Einkommen? Dass die Kanzlei eine der finanzstärksten in der City war, glaubte ich nicht. Die Vergütung der Partner hing hier von den Aufträgen ab, die sie akquirierten und ausführten, nicht, wie in einigen der führenden Kanzleien, allein von der Anciennität der Partner, so dass gleiches Dienstalter gleiche Bezahlung bedeutete, ausgenommen gewisse Strafaktionen nach schweren Fehlern. Wenn Rods Arbeitslast gering war, erhielt er vermutlich auch eine nach einem bestimmten Schlüssel errechnete geringere Vergütung. Welche Auswirkung hatte das auf seinen Lebensstandard? Im Harvard College und an der Harvard Law School hatte er gut abgeschnitten, aber auch nicht mehr als das. Zu Auszeichnungen hatte es ihm an beiden Schulen nicht gereicht. Er hatte das erwartbare angenehme Aussehen eines WASP, war kultiviert, gut angezogen, ernsthaft und liebenswürdig. Zu meiner Zeit hätte das angesichts seiner Herkunft sehr wahrscheinlich genügt, ihm zuerst einen Sommerjob zwischen dem zweiten und dritten Jahr an der Law School und dann nach dem dritten Jahr eine Dauerstellung in einer der großen Kanzleien an der Wallstreet zu garantieren. Dass mein Vater leitender Partner bei Morgan Stanley gewesen war und dass ich Chef der *Time* war, also eine Position hatte, der man allgemein Einfluss, wenn nicht gar Macht zuschrieb, diese beiden Faktoren wären damals nicht übersehen worden. Auch eine entferntere Verbindung nicht: Ein direkter Vorfahre mütterlicherseits war in der Schlacht am Bull Run Kommandeur einer Brigade der Union gewesen. In den Waagschalen dieser moderneren für Neueinstellungen zuständigen Partner aber hatte »Herkunft« offenbar kein Gewicht. Sie übergingen Rod. Fair oder nicht, für ihn war es Pech.

Er kam Punkt ein Uhr. Ich bemerkte mit Vergnügen,

dass sein Anzug gut saß, seine Krawatte genau passte und dass er hübsch braungebrannt war.

Du warst in der Sonne, sagte ich, als wir uns im Speisesaal der Mitglieder zu Tisch gesetzt hatten.

Ja, antwortete er, hat Carla dir das nicht erzählt? Am Martin-Luther-King-Wochenende waren wir mit den Kindern in Palm Beach und hatten sehr schönes Wetter.

Das freut mich, sagte ich. Hat euch allen bestimmt sehr gut getan.

Er nickte nachdrücklich.

Wir studierten die Speisekarte, füllten unsere Bestellzettel aus und lehnten uns zurück. Nachdem der Kellner sie eingesammelt und uns den gewählten Rotwein eingeschenkt hatte, beschloss ich, ihn zu befragen.

Rod, sagte ich, du hast angedeutet, dass die Auftragslage in der Kanzlei flau ist. Ist es schon besorgniserregend?

Ja und nein, antwortete er. Es ist immer besser, wenn die Nachfrage wächst und die Kanzlei mit voller Kraft arbeitet. Das macht die Jungs und Mädels glücklich. Aber in der City herrscht generell Flaute, nicht nur bei uns, und letztes Jahr war die Lage schlechter. Wir sind beunruhigt, aber nicht übermäßig.

Das ist gut. Für mich die erste gute Nachricht seit langem.

Wir schwiegen, während der Kellner Rods Muscheln in der Schale und meine *Fisherman's Soup* brachte. Anschließend sagte ich: Es wird dich nicht überraschen, Rod, dass ich mit dir über deine Mutter sprechen möchte. Ihr Abschied – die Eile, ihre Gründe, also die Vorwürfe gegen mich und das Auftauchen von Monsieur Leblanc, von dessen Existenz ich nichts gewusst hatte –, das hat mich umgehauen. Für dich war es wohl keine Überraschung. Du hast deine Mutter sogar an Mr. Sweeney verwiesen. Und für Barbara war es bestimmt keine Überraschung. Ich habe übrigens gestern hier mit ihr zu Mittag gegessen.

Ja, ich weiß, brummte Rod, ich habe sie gestern Abend bei Moms Geburtstag gesehen.

Genau. Ich habe herausgefunden, dass das der Grund für ihre Reise nach New York war. Warum sie mich sehen wollte, das ist eine andere Geschichte. Es kommt dir vielleicht merkwürdig vor, dass ich erst jetzt, da die Scheidung durch ist, mit dir über deine Mutter und Monsieur Leblanc rede. Ich habe keine Erfahrung in solchen Angelegenheiten, aber ich meine doch – ich kann nicht anders –, dass es in den meisten Familien Gespräche zwischen den Kindern und dem Elternteil gegeben hätte, der sozusagen sitzen gelassen wurde. Aber ihr, Barbara und du, wolltet anscheinend kein Gespräch, und mich hat das, was da geschah, ehrlich gesagt, so überrascht und geschockt, dass ich vermied?, zögerte?, mich schämte?, darüber zu sprechen. Was ist jetzt anders? Zum einen ist die Scheidung endgültig, und ich brauche einen Blick zurück. Nicht, weil es zum Weitermachen gehört, denn ich weiß überhaupt nicht, ob das Weitermachen, was immer es heißt, für mich in Frage kommt. Es ist einfach ein Bedürfnis. Dann hat mir Barbara gestern – wie soll ich sagen? – die Leviten gelesen. Vielleicht ist das nicht richtig ausgedrückt. Sie hat ein dermaßen abstoßendes Bild von mir gezeichnet, dass die Entscheidung eurer Mutter, mich zu verlassen, mit oder ohne Monsieur Leblancs Hilfe, praktisch unvermeidlich erscheint. Also wirklich, dass ich so widerlich bin, hätte ich nicht vermutet.

Rod hob die Hand.

Dad, Dad, sagte er, reg dich ab. Barbara ist übergeschnappt – jedenfalls wenn's um dich geht. Sie hat gewaltig übertrieben. Carla meint das auch. Barbara bildet sich ein, eine gottgegebene Mission zu erfüllen, indem sie Mom gegen jede Kritik verteidigt. Wenn das heißt, dich zu demolieren, sei's drum. Warum das so ist, weiß ich nicht genau. Carla auch nicht, und sie hat sehr viel mit Barbara geredet, glaub mir.

Darf ich mal dick auftragen und dir erzählen, dass es wahrhaftig lieb von dir ist, das zu sagen? Aber wenn du mich nicht ganz für das Monster hältst, das Barbara in mir sieht, erklär mir, was ist deiner Meinung nach passiert? Nach einer so langen Ehe und einem angenehmen und friedlichen Zusammenleben? Wenigstens das ist fast unmöglich zu bestreiten.

Was passiert ist? Das ist nicht allzu schwer zu verstehen, Dad. Du wirst in ein paar Monaten fünfundachtzig, Mom ist gerade zweiundsechzig geworden, Louis Leblanc ist sogar noch ein paar Jahre jünger als sie – hoffen wir, dass das nicht zum Problem für die beiden wird. Er hat sie angemacht, er ist ein gut aussehender Kerl, ziemlich sexy, denke ich mir. Offenbar sehr erfolgreich in seiner Arbeit, die, vergiss das nicht, in gewisser Weise auch Moms Arbeit ist. Er besitzt ein zweites Restaurant in Brooklyn und eins in Paris, irgendwo im *cinquième*. Alles in allem scheint mir das kein großes Rätsel.

Wohl nicht, erwiderte ich und schlug vor, noch ein Glas Wein zusammen zu trinken.

Rod schaute auf die Uhr und sagte: Machen wir das. Dann trinke ich einen doppelten Espresso und gehe zu Fuß zurück ins Büro und hoffe, dass ich beim Ballett nicht einschlafe. Ich treffe mich mit Carla, ergänzte er. Das City Ballet hat ein Balanchine-Programm, das sie nicht verpassen möchte.

Das ist sehr schön. Deine Mutter würde wahrscheinlich sehr gern dabei sein. Mit Monsieur Leblanc.

Ach komm, Dad! Louis arbeitet abends, und sie geht zurzeit noch nirgendwohin ohne ihn, außer aus beruflichen Gründen. Die Phase wird sie irgendwann überwinden.

Zweifellos, sagte ich. Ich muss ja zugeben: Alt sein, richtig alt so wie ich jetzt, das ist kein Vergnügen. Ich habe keinen Grund, nicht heute Abend oder irgendwann in der nächsten Woche ins Ballett zu gehen. Ich tu es einfach nicht. Ach, doch, morgen Abend gehe ich in die Oper. *Così fan tutte*. Hahaha!

In vino veritas, Dad. Zwei Dinge möchte ich noch dazu sagen. Das eine, um Moms Weggang näher zu erklären. Ich weiß nicht, ob es sich zwangsläufig ergibt, wenn man in deinem Alter ist, aber jedenfalls kann das Zusammenleben mit dir seit einer ganzen Reihe von Jahren nicht mehr viel Spaß gemacht haben – vielleicht gar keinen Spaß mehr. Du hast meistens am Schreibtisch gesessen und an deinem Buch gearbeitet. In Ordnung. Das ist verständlich. Mom hat auch gearbeitet, an ihrer TV-Sendung, ihren Artikeln und so weiter. Aber ins Theater oder Konzert oder zu einem Ballett zu gehen, das ist dir offenbar gar nicht mehr eingefallen. Ein starker Sinneswandel. Nur in die Oper gehst du noch, wegen deines sakrosankten Abonnements. Und du möchtest nicht mehr reisen. Du! Ein so bekannter Auslandskorrespondent! Paris, nein. Alle Leute, die du dort kanntest, sind tot oder senil im Endstadium. Venedig, nein. Zu viele Touristen, und du bist zu oft da gewesen. Und dann diese Variante deines Dauerthemas, dass alle tot sind: Alle Restauranteigner und Oberkellner, die du kanntest, sind im Ruhestand. Aber sind Tizian und Veronese im Ruhestand? Nein, sagst du, aber wie oft muss ich die Gemälde sehen, die sich mir längst eingeprägt haben? Noch etwas: Mom sagt, du findest alle Welt langweilig, deine alten Freunde, neue Leute, jeden. Ein irgendwie unheimliches Schrumpfen deiner Interessen.

Ich musste lachen, ich konnte nicht anders. Du hast recht, sagte ich. Sehr recht.

Ich weiß, dass ich recht habe, Dad. Ich habe dich beobachtet. Jetzt noch eine Randbemerkung zu Barbs. Ich habe nie eine Analyse gemacht, und Küchenpsychologen waren mir nie besonders sympathisch, das weißt du. Aber nach und nach habe ich mir eine Theorie über Barbara zurechtgezimmert. Und zwar: Ihr übertriebenes – hysterisches – Bedürfnis, nicht nur Moms Abschied zu rechtfertigen, sondern auch dich zu demolieren, hat etwas mit der Einstellung zu ihrem Ehemann zu tun, die jetzt Form annimmt. Sie hat sich angewöhnt, sehr hässliche Sachen über den armen alten Randy zu sagen. Vielleicht ist er der großartigste Dermatologe in Wellesley, wer weiß, vielleicht sogar in ganz Boston, aber der größte Langweiler ist er mit Sicherheit. Unverbesserlich. Falls Barbara bewusst oder unbewusst plant, ihn mit seiner kryogenen Entfettungsmaschine und seinem Bodybuilding – das treibt er, wie du weißt – sitzen zu lassen, dann könnte es Sinn haben, wenn sie zu ihrer eigenen Zufriedenheit und zur Zufriedenheit aller, die bereit sind, ihr zuzuhören, deutlich macht, dass es einen handfesten Präzedenzfall für einen derartigen Rückzug aus derartigen Gründen gibt: Ihre Mom hat damit nicht gezögert.

Ach du Schreck, Roddy! Meinst du, sie hat einen Kerl, ihren eigenen Monsieur Lenoir oder Leblanc?

Das haben wir, Carla und ich, uns auch gefragt. Wir wissen es nicht. Angedeutet hat sie nichts. Aber wer sagt's denn? Eine grüne Witwe, der Ehemann den ganzen Tag in seiner Praxis oder beim Gewichtheben im Fitnessstudio, die Kinder in der Schule, im richtigen Alter wäre sie …

Na ja, sagte ich, falls sie so etwas vorhat, müsste sie eine verdammt hohe Unterhaltszahlung vom guten Randy verlangen oder in die Arme eines Mannes mit dickem Bankkonto und Neigung zu Großzügigkeit fliegen. Sie hat keinen Beruf, keine Ausbildung, hat niemals gearbeitet, hat von Randys Geld und gelegentlichen Almosen von mir gelebt. Das ist alles. Ich habe sie angefleht, ein Studium abzuschließen, bevor sie Randy heiratete und sich in Wellesley niederließ. Nein, sie hatte die Nase voll vom College, nicht mal Kurse an der School of Education, um in der Vorschule oder den Anfangsklassen unterrichten zu können, kamen in Frage. Als sie sich in Wellesley eingerichtet hatte, habe ich ihr zugeredet, Kurse zur Weiterbildung an der Harvard Division of Continuing Education zu belegen, etwas, das Platz im Alltag jeder Hausfrau hätte. Nein, zu unbequem. Roddy, sie hat nie gearbeitet.

Doch, sie hat im Sommer Tennisstunden gegeben.

Im Country Club von Wellesley! Rod, ich bitte dich!

Ach, Dad, sei nicht so ein Snob. Klar, sie war nicht Trainerin im tollen Myopia Club, aber offenbar hat sie gute Arbeit geleistet, und sie hat selbst ausgezeichnet Tennis gespielt.

Schon gut, schon gut, wenn man Dermatologen, Versicherungsvertreter und Vizepräsidenten von Banken kennenlernen möchte, ist man im Wellesley Club genau richtig. Und gut gespielt hat sie. Mich hat sie immer in die Pfanne gehauen. Aber Tennisspielen hat keine Zukunft für sie, und sie sollte sich vorsehen.

Stimmt. Er sah wieder auf die Uhr. Zeit für mich, zum Büro zurückzuwandern. War schön, dich zu sehen, Dad.

Ich stand auf und umarmte ihn – ganz gegen unsere Gewohnheiten.

Ich hatte auch das Bedürfnis, zu Fuß zu gehen. In meinem Fall war es der Heimweg zur Park Avenue. Ganz spontan blieb ich bei Sherry-Lehmann stehen, wo ich meinen Wein gekauft hatte, seit ich im Anschluss an den Militärdienst wieder nach New York zurückgekommen war und allein in einer kleinen Wohnung lebte. Nur war das vor dem Zusammenschluss der beiden großen Weinhändler; damals kaufte ich bei Mr. Lehmann. Eine kleine Demonstration von Unabhängigkeit, da mein Vater Kunde bei Sherry war. Die unfehlbar sachkundige Verkäuferin meines Vertrauens war im Geschäft, telefonierte aber gerade. Ich wartete, bis sie fertig war, und schickte Rod auf ihre Empfehlung hin eine Kiste Cheval Blanc 61. Ich verzog das Gesicht bei dem Gedanken, ihm einen Saint-Emilion zu schicken – ich bin ein Pomerol- und Saint-Estèphe-Fan –, aber sie sagte, Sie werden es nicht bereuen, Mr. Gardner. Hat man eine Ratgeberin, der man traut, sollte man ihren Rat befolgen. Einen Rat, der sofort durch den enormen Preis der Kiste bekräftigt wurde, möchte ich hinzufügen.

Abgemacht!, sagte ich.

Auf die Karte, die mit dem Wein geschickt werden sollte, schrieb ich: Du bist ein guter Kerl, Roddy! Wir sollten öfter zusammen Mittag essen.

IV

So gern ich Penny Ludington hatte, so ungern fuhr ich von meinem Haus an der Bridge Lane zu ihrem Quartier in Springs. Im Sommer, der in den Hamptons jetzt anscheinend mit dem Memorial-Day-Wochenende beginnt, ist der Verkehr auf der Fernstraße 27 in östlicher Richtung schrecklich, besonders freitags und samstags abends, während die Straße 114, auf der ich von Sag Harbor bis East Hampton bleiben kann, an den Wochenenden schlichtweg gefährlich ist, zu viele Raser, die womöglich auch noch betrunken sind. Trotzdem ist das die Route zu Penny, die ich normalerweise nehme, um die Straße 27 so lange wie möglich zu umgehen. Auf dem Rückweg spät am Abend nach dem Dinner bleibe ich auf der 27. Sie ist wenigstens klar markiert und hat in der Mitte einen guten, solide durchgezogenen gelben Streifen. Diese leidigen Überlegungen trugen dazu bei, dass ich beim Rasieren und bei anderen Vorbereitungen zum Ausgehen wenig Begeisterung aufbrachte und darüber nachdachte, wie angenehm es wäre, mich zum Essen in meine Küche zu setzen und eine heiße Rinderbrühe, Brot, Käse, Hartwurst und einen Apfel zu verzehren. Gravierender war etwas anderes, das, was mich hatte zusammenzucken lassen, als Roddy den Finger darauf legte: das Schrumpfen meiner Interessen. Die unangenehme Erkenntnis, dass mich praktisch jedermann langweilt, alte Freunde ebenso wie neue Menschen. Ausnahmen sind junge Leute, gewöhnlich jünger als meine Kinder, die mir auf Anhieb gefallen. Manchmal ist es nur eine flüchtige Laune. Es kann eine neue Bibliothekarin in der Society Library sein; oder die wirklich charmante und tüchtige Sekretärin meines Internisten; eine junge Anwältin aus der Kanzlei von Larry Weinstein, die mir bei dem deprimierenden Geschäft half, Valeries Anwalt Sweeney die Bilder auszuhändigen, die sie von meinen Wänden abgehängt, sowie die Glas- und Pâte-de-Verre-Gefäße, Geschenke von mir, die sie aus den Vitrinen geräumt hatte; eine junge Frau, die strahlend weiße Zähne und eine Haut in der Farbe von altem Gold hatte, eine Ausbildung als Dentalhygienikerin machte und im Sommer am Obst- und Gemüsestand aushalf – ich nannte sie das Mädchen mit der goldenen Haut. Diese jüngeren Geschöpfe, die ich möglichst in Gespräche verwickle, scheinen mir eine Tür zu unbekannten Welten und Lebensweisen zu öffnen, deren Umrisse ich auf andere Weise nicht entdecken könnte. Um auf Penny zurückzukommen – sie ist eine Kategorie für sich. Als ich in meinem letzten Jahr am Harvard College und sie in ihrem ersten Jahr am Radcliffe war, wäre sie fast meine Freundin geworden. Die Aussicht auf einen Abend mit ihr freute mich. Aber ihre Gäste … Ich konnte mir denken, wer kommen würde: Ein Investmentbanker, der in George W.s erster Amtszeit unser Botschafter in der Türkei gewesen war. Ich nahm an, unter Druck würde er zugeben, dass sein Boss als Präsident ein Desaster gewesen war, aber das Thema hatten wir bis jetzt vermieden. Seine Frau, die im Aufsichtsrat des Museums der City New York saß und mich jedes Mal, wenn wir uns begegneten, fragte, ob ich Louis Auchincloss gekannt hatte. Ein Maler-Ehepaar, die Frau deutlich talentierter als der Mann. Ein pensionierter schwuler Immobilienmakler aus guter Familie mit einem hübschen Haus an der Union Street in Sag Harbor und, wenn wir Glück hatten, Pennys schwuler Neffe, der Sinologe.

Als ich dann angekommen war, hätte ich nichts dagegen gehabt, in Pennys Haus zu wohnen. Ein geräumiges braunes Schindelhaus mit Anbauten aus den letzten hundert Jahren, bildete es einen perfekten Kontrast zu meinem adretten kleinen Häuschen, das wahrscheinlich genauso alt, aber an der Außenseite unverändert war und ungefähr ein Drittel der Größe von Pennys Anwesen hatte. Im Frühling bot ihr wunderbar gepflegter Garten eine Farbpalette, die sich dann mit den Jahreszeiten änderte. Jenseits des Gartens lag eine Marsch, ständiger oder vorübergehender Aufenthaltsort von wunderbaren Silberreihern, Blaureihern, Fischreihern, Schreikranichen und kleineren Vögeln, deren Namen ich nicht wusste. Ein versteckter Holzplankenweg führte durch die Marsch zu einem halbmondförmigen Strand mit Blick auf Shelter Island und Gardiners Island. Penny wohnte jetzt das ganze Jahr über in dieser paradiesischen Umgebung – im Winter sicher nicht ganz so paradiesisch – und jammerte, dass sie sich keine Stadtwohnung mehr leisten könne, aber ich war überzeugt, dass sie es insgeheim genoss, eine vollbeschäftigte Gärtnerin und Vogelbeobachterin zu sein. Der Grund dafür, dass sie auf eine Bleibe in New York verzichten musste, war banal. Ihr vor zehn Jahren verstorbener Mann war viel ärmer gewesen, als man vermutet hatte; er hinterließ ihr das Haus und gerade so viel Geld, wie sie als Ehefrau steuerfrei erben durfte; die Trusts, deren Begünstigter er gewesen war, gingen ausschließlich auf die beiden Töchter über, Buddhistinnen, die in Ashrams an der Westküste lebten. Warum er Penny nicht großzügiger bedacht hatte, war ein Rätsel; sie war, soweit man wusste, eine vorbildliche Ehefrau gewesen, und als er nach einem ersten Schlaganfall von der Hüfte abwärts gelähmt war, hatte sie ihn gepflegt, bis ein zweiter Schlaganfall ihn schließlich tötete. Wir hatten nie darüber gesprochen. Ich hatte ihn nie leiden können.

Penny war ich im Herbst meines letzten Collegejahres begegnet, an einem warmen sonnigen Septembertag, wenn ich mich recht erinnere. Sie und ihre beste Freundin Francie verkauften Abonnements für irgendwas. Sie waren sehr hübsch. Penny braunhaarig, wohlgeformt, mit braunen Augen und einer Himmelfahrtsnase, Francie größer, sehr blond, würde sich wahrscheinlich zu weich anfühlen, wie roher Teig, dachte ich. Ich weiß nicht, was sie verkauften, ich kaufte es jedenfalls. Mir fiel keine andere Möglichkeit ein, legitim bei ihnen stehen zu bleiben und mich mit ihnen zu unterhalten. Der Trick funktionierte. Ich lud Penny ein, am selben Abend mit mir im University Theatre *Zwölf Uhr mittags* anzusehen. Es war die Sorte Film, die das UT immer wieder zeigte. Im Kino durfte ich Pennys Hand halten und ihr einen Kuss auf den Mund geben, als ich sie nach einem Hamburger bei Cronin's am Wohnheim ablieferte. Sie wohnte im Moors, einem der Heime auf dem Radcliffe Quadrangle Campus. Wir hatten uns gut unterhalten, aber dass sie beim Kuss die Lippen fest zusammenpresste, überraschte mich nicht. In den folgenden Wochen trafen wir uns mindestens zweimal wöchentlich. Wir gingen wieder ins UT und lachten uns über *Adel verpflichtet* kaputt, anschließend ins Cronin's, wo ich die Kellnerin, die eine Freundin von mir war, überredete, Penny ein Bier zu servieren, wir schmusten in meinem Auto, nachdem ich an der dunkelsten Stelle des Memorial Drive geparkt hatte, die ich finden konnte; ich ging mit ihr zum Dinner ins Henri IV. Wir kamen voran. Sie öffnete den Mund. Ich durfte ihre Brüste berühren, zuerst nur durch die Strickjacke. Ein paar Tage danach hakte sie ihren BH auf und legte ihre Hand auf meinen Schritt. Ich durfte ihr Höschen beiseiteschieben. Der Klassenkamerad, der seit unserem ersten Collegejahr mein Zimmergenosse gewesen war, wurde für ein Jahr beurlaubt, um an einer Ausgrabung in Anatolien teilzunehmen. Da ich plötzlich ohne Mitbewohner war, hatte ich das Glück, dass man mir eine Suite im *Eliot House* für mich allein zuteilte, wovon alle sexhungrigen Hausbewohner träumten. Die Fußballsaison hatte begonnen. Am Samstag spielte Harvard auf dem Soldier's Field gegen eine unbedeutende Mannschaft, Dartmouth oder Brown. Penny gab keinerlei Interesse an dem Spiel zu erkennen und nahm meine Einladung an, den Nachmittag mit Arbeit in meinem Wohnzimmer zu verbringen, etwas atemloser als gewöhnlich, hatte ich den Eindruck. Wir könnten ja nach dem Spiel bei einer der Partys vorbeischauen, schlug ich vor, oder gleich zum Dinner ins Henri IV gehen. Dort hatte ich einen Tisch reserviert. Und am Tag davor dann passierte mir, was heutzutage niemandem mehr zu passieren scheint, jedenfalls hört man nichts davon.

Als ich gerade dabei war, das fünfte Spiel in einem Squash-Match mit 8:3 zu gewinnen, brach ich mit unerträglichen Bauchschmerzen auf dem Fußboden des Platzes zusammen. Der Mann, gegen den ich spielte, kniete neben mir nieder, befühlte meine Stirn und fragte, ob es ein Krampf sei. Ich konnte ihm nicht antworten.

Ich gehe Hilfe holen, sagte er mir.

Wir spielten in der Hemenway-Halle. Vielleicht war ich ohnmächtig geworden. Ich spürte zusätzlich zu den Schmerzen kaltes Wasser auf Kopf und Schultern. Als ich die Augen aufschlug, sah ich einen der Trainer.

Lieber Himmel, sagte er zu dem Jungen, der ihn geholt hatte, bleib du bei Gardner. Ich rufe einen Krankenwagen.

Es war ein Blinddarmdurchbruch, er folgte auf die Bauchschmerzen, die ich seit mehreren Tagen entschlossen ignoriert hatte, und die Infektion hatte sich in meiner Bauchhöhle so massiv ausgebreitet, dass die Chirurgen entschieden, sie müsse bekämpft werden, bevor der kleine Stummel selbst entfernt werden konnte. Die Operation fand im Mass. General Hospital in Boston statt. Ich blieb drei Wochen dort und wurde dann mit dem Krankenwagen nach New York gebracht, um drei Wochen zur Erholung zu Hause zu verbringen. Als ich nach Cambridge zurückkam, schlug der Studienleiter vor, ich solle mich für den Rest des Herbstsemesters beurlauben lassen. Ich könne im Frühjahr wieder ins College kommen und die für das Examen nötigen Pflichtkurse bis zum nächsten Herbst absolvieren. Ich war schon auf einen solchen Vorschlag gefasst, und ich hatte in den langen Wochen in der Wohnung meiner Eltern darüber nachgedacht. Ich dankte dem Studienleiter und sagte ihm, ich würde lieber hart arbeiten und sein Urlaubsangebot nicht annehmen. Ich hatte in der City viel gelesen, um mich auf dem Laufenden zu halten, und meinte, ich würde es schaffen. Die Gründe, warum ich mir das Leben so schwermachte? Einer war frivol – ich wollte sichergehen, dass ich die Suite für mich allein weiterbewohnen konnte –, der andere nicht. Ich hatte erreicht, dass Adam Ulam meine Abschlussarbeit betreuen würde, ein brillanter junger Politikwissenschaftler, mit dem ich Freundschaft geschlossen hatte, hauptsächlich, weil er als Tutor im *Eliot House* wohnte und regelmäßig zum Mittagessen kam. Ich wusste, dass er im folgenden Jahr nicht in Harvard sein würde, dass ich mir dann also einen anderen Mentor in der politikwissenschaftlichen Fakultät suchen müsste und dass ich Ulams eigensinnigen, aber verständnisvollen Umgang mit meinen Ideen vermissen würde.

Vielleicht einen Tag nachdem ich wieder in Cambridge angekommen war und mich noch hundeelend fühlte, rief ich Penny an. Sie war nicht da und rief auch nicht zurück. Ein paar Tage später rief ich wieder an. Sie kam ans Telefon, ließ sich aber auf nichts ein. Nein, sie könne mich nicht auf einen Tee bei Hayes-Bickford treffen, nein, zum Cronin's könne sie nicht kommen, sie habe so viel Arbeit, sie wisse nicht, wo ihr der Kopf stehe. Ob ich in ein paar Tagen wieder anrufen könne? Das tat ich. Das Mädchen an der Klingel, die Radcliffe-Bezeichnung für den Telefondienst, sagte, man werde nach ihr suchen. Die Suche dauerte eine Weile. Dann stellte sich heraus, dass sie doch nicht da war. In der Stimme des Mädchens an der Klingel klang ein unterdrücktes Kichern mit. Na gut. Ich konnte einen Fingerzeig verstehen. Außerdem fiel mir ein, dass sie mich nicht in der Klinik besucht und auch nicht angerufen hatte, als ich nach Hause gebracht worden war. Weil sie zu schüchtern dafür war, dachte ich damals, oder weil ihre verdrehte Philadelphia-Main-Line-Erziehung es ihr nicht erlaubte. Ich machte mir weiter keine Gedanken über diese Abfuhr. Ich arbeitete zu hart und holte methodisch die Zeit wieder auf, die ich durch meinen Blinddarmdurchbruch verloren hatte. Leicht war das nicht, obwohl ich nicht mehr in der Squash-Mannschaft war und die Stunden, die ich auf dem Übungsplatz verbracht hatte, mir jetzt für die Arbeit an den Kursen zur Verfügung standen. Vor allem ging es mir zwar schon besser, aber noch nicht annähernd gut. Und dann unterhielt ich mich eines Tages mit Pennys Freundin Francie. Als ich zwischen zwei Kursen an der Theke bei Leavitt & Peirce einen Tee trank und einen englischen Muffin aß, setzte sie sich neben mich, sagte, wie leid es ihr tue, dass ich so lange krank gewesen sei, und fragte dann, ob ich von Penny gehört hätte.

Was denn?, fragte ich.

Sie ist jetzt mit McBride zusammen.

Ach ja?, knurrte ich.

Ich bezweifle, dass ich das Thema weiter verfolgt hätte, selbst wenn der Name zu einem der Dutzenden von Studenten gehört hätte, die mir mehr oder weniger vage bekannt und ziemlich gleichgültig waren. McBride war ein Mensch, den ich widerwärtig fand. Meine Reaktion auf ihn war instinktiv, glaube ich: Wir hatten in unserem ersten Collegejahr auf demselben Flur von Wigglesworth gewohnt, und irgendwas an diesem bleichen selbstzufriedenen blonden Gesicht, den vorquellenden Augen und der überheblichen St.-Pauls-Party-Boy-Nummer brachte mich auf die Palme. Im Lauf des Jahres verfestigte sich meine Abneigung noch und schloss auch den Mitbewohner ein, der ebenfalls in das Internat St. Pauls gegangen war und wie McBride aus Colorado stammte. Kupferminengeld, berichtete mir jemand, der mit ihnen zur Schule gegangen war.

Mein offenkundiges Desinteresse entmutigte Francie nicht.

Noch haben sie nicht alles gemacht, kicherte sie, aber das wird schon.

Pennys und McBrides Aktivitäten, deren Hauptziel es wohl war, ihm Erleichterung zu verschaffen, beschrieb sie nun dermaßen detailliert, dass ich nur hoffen konnte, keiner an der Theke würde zuhören. Aber vielleicht wurde Francies Bericht McBride nicht gerecht, und auch Penny kam wunderbar auf ihre Kosten. Prüde war ich wohl nicht, glaube ich, und in meinem dritten Jahr am College entjungferte mich eine Doktorandin mit dicken Brillengläsern und Pagenschnitt. Wir verstanden uns gut und wären wahrscheinlich zusammengeblieben, wenn sie nicht mit einem Fulbrightstipendium nach Europa gegangen wäre. Über jeden anderen als McBride hätte ich vermutlich gelacht, als Francie ihre Geschichte erzählte, vielleicht hätte ich gesagt: »Da hat ihnen wohl jemand gezeigt, wo der Barthel den Most holt«, oder so ähnlich. Vielleicht hätte ich sogar versucht, Penny zurückzugewinnen, da es bei ihr, theoretisch jedenfalls, Reichtümer zu entdecken gab, die man nicht unerforscht lassen sollte. Aber die Niedertracht war zu groß. Ich erklärte Francie, ich müsse los, käme sonst zu spät zum Kurs, zahlte und rief Penny nie mehr an. Ich glaube sogar, wir haben uns erst bei einem Dinner wiedergesehen, an dem Valerie und ich teilnahmen, als ich nach New York zurückgekehrt war, um meine Arbeit als Chefredakteur der *Time* aufzunehmen. Wir begrüßten einander mit einer Begeisterung, die von meiner Seite ungekünstelt war, und entdeckten, dass wir immer noch Freunde waren. Ich betrachtete ihren Ehemann mit Interesse. Er war eine in die Jahre gekommene, aber davon abgesehen glaubwürdige Version McBrides: Yale statt Harvard, gut genährt aus einem Treuhandfond, Vizepräsident einer Handelsbank und stolzes Mitglied eines Racketclubs, mit dessen Krawatte er sich schmückte.

Alles in allem keine unwahrscheinliche Harvard-Radcliffe-Geschichte, dachte ich, beginnend mit der Boy-meets-Girl-Episode im Quadrangle über heftige und nachlassende Verliebtheit der beiden bis hin zur Wiedervereinigung auf einer schicken Party in einem Duplex an der Fifth Avenue und einer maßvollen angenehmen Komm-doch-mal-zum-Dinner-Freundschaft in den Hamptons.

Pennys Dinner entsprach ziemlich genau meinen Erwartungen, aber ich hatte den Platz zwischen ihr und der Malerin und unterhielt mich gut. Ich saß links von Penny. An ihrer rechten Seite saß der ehemalige Botschafter, der sie so vereinnahmte, dass sie die Unterhaltung nie in meine Richtung lenkte. Das war mir recht. Die Malerin hatte das New-England-Aussehen, das mir gefällt, und sie redete pausenlos, über ihre Bostoner Verwandten, von denen ich einige in der Schule oder am College gekannt hatte, über ihre gescheiterte frühere Ehe mit einem jüdischen Professor der Kunstgeschichte, der eindeutig nicht gepasst habe, über ihren gegenwärtigen Ehemann, der ein Schatz sei, und über ihre Kunst. Ich war in einer ihrer Ausstellungen gewesen und meinte, ich könnte etwas über ihre Arbeit sagen. Sie muss das auch gemeint haben, wenn ihre Redseligkeit ein Indiz war, und sie lud mich für die folgende Woche in ihr Atelier ein. Ich nahm die Einladung an und beschloss, ein kleines Bild der Peconic Bay zu kaufen, eines von der Art, die ich gesehen und hübsch gefunden hatte. Kaum war mir das Wort über die Lippen gekommen, dass ich auch am kommenden Wochenende in Bridgehampton sein wolle und gern ihrem Vorschlag folge und am Sonntagnachmittag bei ihr vorbeikäme, da überschwemmte mich wieder die vertraute Trübseligkeit. Bei allen olympischen Göttern, was wollte ich mit noch einem Bild? Selbst nach Valeries Plünderung waren noch zu viele Gemälde und Zeichnungen an meinen Wänden, fand ich, zu viele Bücher in den Regalen, zu viel Gerät und Geschirr in den Küchen in der City und in Bridgehampton, zu viel Kram, um den sich Barbara und Rod streiten oder den sie ohne Umstände der Heilsarmee überlassen oder in großen schwarzen Müllsäcken versenken würden. Ich sollte den Krempel verkaufen oder weggeben, nicht vermehren. Der Gegengedanke ließ nicht auf sich warten: Ist doch egal, nicht mein Problem, warum nicht dieser netten Frau eine Freude machen und ihr kleines Landschaftsbild an die Wand hinter meinem Schreibtisch lehnen? Das Haus eines alten Freundes ein paar hundert Meter weiter war verkauft worden, weil er einen leichten Schlaganfall erlitten hatte, von dem er sich nicht erholte. Er wollte seine Wohnung nicht mehr verlassen. Der Bauunternehmer, der das Haus kaufte, riss es so schnell ab, dass man meinte, es sei über Nacht verschwunden. Jetzt zog er stattdessen ein doppelt so großes und meiner Ansicht nach schlecht auf dem Grundstück platziertes Bauwerk hoch. Das demolierte Haus war alt, wenn auch nicht so ehrwürdig wie meines und sehr gemütlich gewesen. Im Garten hatten am vierten Juli und am Labor Day Partys stattgefunden, auf die sich alle Schriftsteller, Lektoren und Literaturagenten in den Hamptons freuten. Nicht eingeladen zu sein, war eine schreckliche Kränkung. Würde meinem Haus dasselbe blühen, sobald die Kinder es verkauften? Barbara würde Rod seinen Anteil nicht auszahlen können, es wäre viel zu viel Geld, und ich konnte mir nicht vorstellen, dass sie ihre Sommer gern in Bridgehampton verbringen würde, wenn sie das Haus mit Rod und Carla teilen müsste. Es zum Verkauf anzubieten lag nahe.

Geh nicht, wenn alle gehen, flüsterte Penny mir zu, als der Kaffee serviert wurde. Wir haben uns seit hundert Jahren nicht mehr gesehen. Wir haben viel nachzuholen!

Ich nickte und wartete auf der Sitzbank am Kaminfeuer. Bald hatte sie alle Gäste verabschiedet und setzte sich neben mich.

Möchtest du einen Kognak oder einen Single Malt Scotch? Ich habe auch einen ganz besonderen Calvados.

Am liebsten von allem ein Glas, antwortete ich, aber ich kann nicht. Ich hatte vor dem Essen einen Bourbon und dann zwei Gläser hervorragenden Wein. Wenn ich noch mehr trinke, schaffe ich es nicht mehr nach Hause. Jedenfalls nicht in einem Stück.

Sie rückte näher und sagte, du kannst über Nacht hierbleiben. Ich mache ein sehr gutes Frühstück.

Führe mich nicht in Versuchung, erwiderte ich. Dieser Greis hier muss vor dem Schlafengehen acht Pillen einwerfen und beim Aufstehen vier, in den meisten Nächten braucht er eine Schlaftablette – eine leichte, aber dringend nötige –, und um halb neun muss er an seinem Schreibtisch sitzen, oder wo immer er seinen Computer stehen hat, und an seinem elenden Buch arbeiten.

Schon recht, sagte sie schmollend, ich geb dir einen Gutschein. Bring nächstes Mal Pillen und Laptop mit. Keine Entschuldigungen mehr! Wie auch immer, ich gehe nirgendwo mehr hin, es sei denn, du verlangst, dass ich dich nach Hause fahre, also trinke ich etwas.

Heiliger Strohsack, sagte ich mir, eine kokettierende Achtzigjährige!

Sie kam mit einem Schwenker wieder, der eine ansehnliche Portion Kognak oder Calvados enthielt. Ich hatte mich in einen Sessel schräg vor dem Kamin verzogen. Sie setzte sich wieder auf die Bank.

Sehr gutes Zeug, sagte sie. Hat mir Billy mitgebracht – der Neffe, der Sinologe war –, als er von einer Konferenz irgendwo in der Normandie zurückkam, aus Caen, glaube ich. Hugo, findest du es nicht hübsch, dass wir nach all den Jahren noch Freunde sind? Du hast es wahrscheinlich vergessen, aber ich hab mich schlecht benommen. Hab mich mit diesem ekelhaften McBride eingelassen, als du so krank warst!

Ich lachte. Du hast entdeckt, dass er kein Märchenprinz war. Na ja, ich war auch keiner.

Er war einfach furchtbar, aber das hab ich erst nach Monaten gemerkt. Ich war wirklich eine Gans. Aber du hast mir verziehen?

Natürlich. In dem Alter brechen Leute ständig miteinander. Außerdem war ich wie benommen, musste das Pensum der Kurse nachholen, meine Abschlussarbeit schreiben. Mir ging's nicht besonders gut.

Es hätte so anders kommen können, wenn ich nur gescheiter gewesen wäre!

Das ist über sechzig Jahre her, Penny! Nach dem Examen ging ich zum Militär. Die haben mich nach Europa verschifft. Als ich wiederkam, warst du noch auf dem College. Ich hatte dich aus den Augen verloren. Wann du Dwight geheiratet hast, weiß ich nicht. Aber als ich demobilisiert war und meine Arbeit in New York wieder aufnahm, waren wir nicht mehr dieselben wie bei unserer Begegnung an jenem Nachmittag in unserem ersten Collegejahr. Und seitdem hat es so viele Kehren und Wenden gegeben.

Dwight war ihr verstorbener Ehemann.

Und wie ist die schreckliche Valerie ins Bild gekommen?

Valerie? Schrecklich ist sie eigentlich nicht. Sie hat einen Kerl geheiratet, der zu alt für sie war. Viele Jahre lang hat sie das offenbar nicht gestört, aber irgendwann dann doch. Und sie hat einen jüngeren Mann finden können, sogar jünger als sie ist er, sagt man mir, und gutaussehend. Kann man es ihr verübeln, wenn sie meinte, es sei nichts für sie, bis zum bitteren Ende bei einem alten Wrack auszuharren? Es war ein Schock für mich und hat mich todunglücklich gemacht, aber inzwischen nehme ich es gelassener. Das sollten wir alle. Wie sie ins Bild gekommen ist? Ich wohnte in Paris, war gerade Chef des Büros dort geworden, bin ihr begegnet und fand sie toll. Das war unmittelbar nachdem ich einen anderen Riesenfehler gemacht hatte. Im Rückblick sieht er nicht ganz so schlimm aus wie meine Heirat mit Valerie, aber er schmerzt mich auch jetzt noch, hundert Jahre danach.

Dass ich jeden Tag viele Stunden an meinem Buch arbeitete, stimmte. Wie durch ein Wunder war es fast fertig. Meinem Lektor gefiel, was er las, und er sagte: Gib Gas. Wir werden es noch vor Jahresende drucken und auf den Markt bringen! Das Timing ist perfekt! Es wird ein Hit. Ich hatte so meine Zweifel. Wie würde meine George-W.-Bush-Demontage sich gegen die unaufhaltsam auf uns zurollende Katastrophe behaupten, die ich für den nächsten Wahlzyklus vorhersah? Aber ich wollte keine Einwände äußern. Dass Jeb Bush mit im Rennen war und dass das Buch die Dummheit in der Bush-Familie aufs Korn nahm, konnte den Verkaufserfolg fördern. Trotz Arbeit fuhr ich bei gutem Wetter an den Wochenenden nach Bridgehampton. Ich liebte das Haus und konnte dort immer gut arbeiten. Penny gab anscheinend ungefähr jeden Samstag ein Dinner und versäumte nicht, mich einzuladen. Mir war die Einladung nach einem langen einsamen Arbeitstag willkommen, es sei denn, ich aß bei meiner Cousine Sally zu Abend. Ich hatte mich für Penny erwärmt und an die

Fahrt nach Springs gewöhnt, aber Sally kannte ich, seit sie ein kleines Mädchen war, und sie hatte Vorrang. Sie war das einzige Bindeglied mit meiner Vergangenheit, das mir noch blieb, und nicht zuletzt freute ich mich darauf, dass mein Namensvetter Hugo mir auf den Schoß sprang und in der Sprache der französischen Bulldoggen grummelnde Kommentare zu aktuellen Ereignissen und zu seinem Leben als Hund gab. Die neue Beflissenheit dieser beiden Damen und das Kaleidoskop ihrer weiblichen Dinnergäste amüsierten mich. Penny hatte das Flirten mit mir entweder aufgegeben, oder sie fürchtete keine Konkurrenz. Ich fragte Sally, was sie von dem Ganzen hielt.

Sie lachte und sagte: Verstehst du nicht? Du bist ein begehrter Junggeselle! Ein Fang bist du.

Jetzt war es an mir zu lachen.

Es ist mein Ernst, fuhr sie fort. Du hast ein hübsches Haus in der besten Gegend von Bridgehampton und eine Wohnung in der City am Carnegie Hill, hast gerade genug Geld, nimmt man an, scheinst gesund zu sein, kannst dich jedenfalls ohne Rollator und ohne Krückstöcke fortbewegen, hast nicht den Verstand verloren und siehst nicht übel aus. Ein Adonis bist du nie gewesen, aber alles in allem und für dein Alter ... Du hast noch deine eigenen Zähne, deine eigenen Haare, und du bist gepflegt. Und vor allem genießt du Ansehen! Als ehemaliger Chefredakteur einer Spitzenzeitschrift und als Schriftsteller. Was könnte eine hier lebende Geschiedene oder Witwe sonst noch von einem Kerl verlangen, mit dem sie zusammenziehen will? Und was noch könnte eine Gastgeberin, Penny etwa oder auch ich, sich für einen männlichen Gast zur Belebung ihres Dinners wünschen?

Frag Valerie, sagte ich.

Gerade als Jeb Bush – nicht überraschend – seine Kandidatur bekannt gab, schloss ich mein Buch ab. Wenn die Faktenprüfer, Korrektoren und juristischen Gutachter alles durchgesehen hatten, würde ich wieder am Manuskript arbeiten müssen, aber bis dahin fühlte ich mich auf Urlaub. Ich schwamm ab und zu Bahnen im Pool, wanderte am Strand, schwamm im Meer, wenn die Brandung nicht zu stark war, las und genoss mein Leben als frischgebackener begehrenswerter Junggeselle. Roddy, Carla und ihre Kinder verbrachten das Wochenende um den vierten Juli in angenehmer Harmonie mit mir. Von Barbara hörte ich nichts. Nichts seit unserem Essen in meinem Club, das sie in der darauf folgenden Woche mit einer E-Mail »Hab wohl die Nerven verloren. Barbara« quittiert hatte. Vorabexemplare meines Buches wurden superschnell, schon Anfang September, an Zeitungen und Kritiker geschickt. Das Echo war gut. Ende September wurde ich nach Paris eingeladen zu einer Konferenz über amerikanische Politik, die Mitte Oktober am Institut d'études politiques stattfinden sollte. Meine erste Regung war, nein zu sagen. Dann überlegte ich es mir eine Woche lang und sagte zu. Unverhoffte Nostalgie spielte sicher eine Rolle bei meiner Entscheidung, dazu kam die Aussicht auf Diskussionen mit einigen anderen Teilnehmern, die ich seit Jahren kannte. Ausschlaggebend aber war ein Anruf von Dr. Klein, meinem Urologen und Onkologen. Ich hatte ihn zehn Tage zuvor für eine Routineuntersuchung im Rahmen des beobachtenden Abwartens aufgesucht. Die Untersuchung, auch das von mir gefürchtete manuelle Abtasten durch den Anus, ergab, dass alles unauffällig war. Aber jetzt waren die Ergebnisse des Bluttests gekommen und zeigten, dass meine PSA-Werte durch die Decke gegangen waren, wie Dr. Klein sich ausdrückte.

Ich möchte sofort eine Biopsie durchführen lassen, erklärte er mir.

In Ordnung, erwiderte ich, gegen eine Biopsie habe ich nichts, aber jetzt sofort geht es nicht … Ich bin im Aufbruch zu einer Konferenz im Ausland und werde mehrere Wochen fort sein, so dass vor meiner Rückkehr nichts unternommen werden kann, egal, was die Biopsie ergibt.

Schweigen. Dann sagte er: Ich empfehle wirklich, dass die Biopsie gemacht wird und dass die Behandlung, falls nötig, sofort begonnen wird, auch wenn Sie deshalb Ihre Reise absagen müssen.

Ich verstehe Ihren Rat und nehme ihn ernst, erklärte ich ihm, und ich hoffe, Sie verzeihen mir, wenn ich ihn ausnahmsweise nicht befolge. Ich melde mich wieder, sobald ich zurück bin.

Was sollte der arme Mann machen? Er wünschte mir viel Glück.

Ich erzählte ihm nicht, dass die Nachricht von meinen entgleisten PSA-Werten Erregung und Erleichterung in mir ausgelöst hatte. Wenn diese Krebszellen streuten, vielleicht schon gestreut hatten, dann war mein Ende absehbar, und ich konnte es selbst bestimmen. Dann bliebe mir Alzheimer erspart, auch die Folgen eines Schlaganfalls mit entstelltem Gesicht oder gelähmten Gliedmaßen, und ich musste nicht fürchten, an Parkinson mit Tremor und Debilität zu erkranken. Ich wäre leicht in der Lage, diese Reise ohne Wiederkehr nach Zürich zu machen, aber zuerst würde ich meine Angelegenheiten regeln. Dabei dachte ich nicht an Geld und Legate. Mein Testament war auf dem neuesten Stand; ich würde es nicht ändern, um Barbara zu enterben oder ihren Anteil zu verkleinern, nur weil sie ein Dummkopf war. Das lohnte sich nicht, und außerdem liebte ich sie. Ich meinte meine persönliche Habe, nichts davon wirklich wichtig. Ererbte Möbelstücke, Gemälde von geringem Wert, Bücher, Kram, der sich im Lauf eines Lebens angesammelt hatte. Davon würde ich so viel weggeben, wie es richtig war. Ich wollte nicht, dass die Sachen respektlos verklappt würden.

Ein Marschlied, das wir während der Grundausbildung in schweren Waffen im Fort Dix immer sangen, wenn die Kompanie C unterwegs war, kam mir in den Sinn. Ich wandelte den Wortlaut etwas ab und brüllte los: Heidi, Heidi ho! Heidi, Heidi hier! Marsch, marsch, drei vier, Krebs marschiert mit, im gleichen Schritt, marsch!

V

Das Hotel in der Rue du Faubourg Saint-Honoré, in dem ich normalerweise abstieg, wenn die *Time* die Rechnung zahlte, war so teuer geworden, dass ich Zweifel habe, ob irgendeine US-Zeitschrift oder Zeitung ihre Mitarbeiter, hochrangige Journalisten und Chefredakteure nicht ausgenommen, dort unterbringen würde. Millionenschwere Funk- und Fernsehstars? Vielleicht. Da galten womöglich ganz andere Regeln. Meine Möglichkeiten überstieg es mit Sicherheit, es sei denn, Paris würde wie Zürich ein Anlaufhafen am Styx, und ich quartierte mich in dieser zweiten Heimat für eine Nacht ein, im Wissen, dass ich am nächsten Morgen die letzte Taxifahrt meines Lebens zu einer geheimen Klinik irgendwo in Passy oder Neuilly antreten würde. Mein altes Hotel hatte sich allerdings so verändert, dass ich nicht bedauerte, dort nicht wohnen zu können. Als ich ein paar Jahre zuvor mit einem ehemaligen Kollegen von *Paris Match* auf einen Drink an der Bar verabredet war, sah ich, dass die meisten Clubsessel in der Lobby besetzt waren, entweder von übergewichtigen Levantinern, die eifrig in ihre Handys sprachen, die fetten Beine gespreizt, als wollten die Herren ihr Gemächt vorführen, oder von anderen nicht weniger fettleibigen und vulgären Typen, die ich aufgrund meiner langen Erfahrungen mit der Sowjetunion sofort als russische Unternehmer erkannte. Oligarchen vermutlich, die in Paris zu tun hatten oder auf dem Hin- oder Rückweg zur oder von der Côte d'Azur waren. Gibt es auch Russen anderer Art? Selbstverständlich, Dissidenten zum Beispiel, die Putin hinter Schloss und Riegel bringt oder ermorden lässt. Wirklich Pech. Mein Hotel hatte wenig Charme gehabt, aber eine sehr günstige Lage, angenehme Zimmer und ein Schwimmbad im Keller. Vor allem war es achtbar gewesen. Meine liebe Tante Hester, die mir das Haus in Bridgehampton vermacht hatte, und ihre Cousinen, Damen aus alten Hartford/Connecticut-Familien, waren häufig Gäste dort gewesen. Aber ganz generell hatten Hotels ihre frühere Qualität verloren. Während desselben Besuchs in Paris hatte ich auch in zwei, drei anderen der berühmten Hotels Drinks an der Bar genommen und die Kundschaft dort nicht attraktiver gefunden, nicht mal im Ritz, das unmittelbar vor seiner Schließung wegen Totalrenovierung stand.

Weil wir eine andere Lösung finden mussten und keine Lust auf eine Ferienwohnung hatten, wo man am Ende den Haushalt in Ordnung hält, obwohl man lieber etwas anderes unternehmen würde, stiegen Valerie und ich in einem kleinen Hotel am Beginn der Rue de Bourgogne ab, das uns vor Jahren Pariser Kollegen bei der *Vogue* empfohlen hatten, deren Büro damals, bevor sie in die farblose Avenue Hoche umziehen mussten, praktisch nebenan, an der Place du Palais-Bourbon lag. Die Unterkunft hatte uns sehr gut gefallen, aber als ich jetzt dort anrief, um dasselbe Zimmer wie sonst zu reservieren, merkte ich, dass das Hotel den Besitzer gewechselt hatte und dass die charmante Managerin, mit der wir uns angefreundet hatten, nicht mehr da war, sondern an ihrer Stelle eine Person, die sich an meinen Namen nicht erinnerte, obwohl ich mindestens fünfzehn Mal dort gewohnt hatte. Überhaupt schien keiner der Angestellten, die ich kannte, noch dort zu arbeiten. Da meine Cousine Sally mindestens einmal im Jahr nach Paris reiste, fragte ich sie um Rat. Sie nannte mir ein Hotel im *sixième*, in der Rue Cassette, nur ein paar Schritte von Saint-Germain-des-Prés entfernt und, wenn man schnell ging, fünf Minuten von der Sciences Po, wo ich mich an den meisten Tagen aufhalten würde.

Es ist sehr ruhig und sehr charmant, sagte sie, es wird dir gefallen. Alle dort sind so freundlich. Es hat einen kleinen Garten, in dem du einen Drink nehmen oder sogar Lunch essen kannst, wenn das Wetter so mild ist wie jetzt.

Sie hatte recht, wie immer. Schon beim Eintreten wusste ich, das Haus war genau richtig für mich. Am ersten Abend ging ich zum Lipp hinüber. Es war Viertel vor acht, eine Stoßzeit, und ich fürchtete, lange auf einen Tisch warten zu müssen oder gar treppauf nach Sibirien geschickt zu werden, an den Ort für Unerwünschte, den man mir noch nie zugemutet hatte. Zu meinem Erstaunen aber war Monsieur Gilles, zugleich Zerberus und Sankt Peter des Etablissements, der zu entscheiden hatte, erstens, ob jemand überhaupt eingelassen wurde, und zweitens, wann und an welchem Tisch man Platz nehmen durfte, noch nicht im Ruhestand. Ich erblickte ihn mitten im Durchgang vom Café zum Restaurant, und er erkannte mich, noch bevor ich den Mund aufmachen konnte. Er trat vor, bereit, mich zu umarmen, und rief:

Monsieur Hugo! Lange her seit dem letzten Mal. Zwei, drei Jahre? Werden Sie allein dinieren?

Ich sagte ja, ich sei allein, es sei schon vier Jahre her, und ich sei froh, ihn so unverändert, so offensichtlich bei guter Gesundheit wiederzusehen.

Ganz wie Sie, Monsieur, ganz wie Sie.

Und dann sprach er mit dem Kellner und instruierte ihn, wo er mich platzieren sollte. An einem ganz besonderen Tisch, erwies sich, auf einer Bank ohne Gegenüber nahe dem Fenster mit Blick auf den Boulevard. Ich bestellte meine Lieblingsgerichte, *hareng à l'huile* und gegrillte Andouillette, und eine halbe Flasche vom Bordeaux des Hauses und dachte an all die Male, da ich in dieser Brasserie das Gleiche gegessen hatte, angefangen mit den Jahren meines Militärdienstes, dann während der zahllosen Aufträge, die mich nach Paris führten, als ich noch Auslandskorrespondent war, bis hin zu meinen Jahren als Chef des Pariser Büros. Ich dachte an die Mahlzeiten, die ich allein, mit Kollegen, mit Valerie und vor ihr mit anderen jungen Frauen eingenommen hatte, die ich wohl nicht alle noch beim Namen nennen könnte. Genau genommen, war nur eine von ihnen wichtig für mich gewesen. Als Valeries kulinarische Interessen und Aktivitäten in Schwung kamen, entschied sie, das Lipp sei Zeitverschwendung, und führte – zerrte, will ich nicht sagen – mich in einen Tempel der *nouvelle cuisine* nach dem anderen, in altmodische Bistros, wundersam modernisiert von energiegeladenen neuen, aus Provinzen eingewanderten Eigentümern, die meines Wissens bisher noch niemand mit den Höhen der Gastronomie assoziiert hatte, und schließlich zum Vergleich und zwecks nicht immer konstruktiver Kritik in die klassischen berühmten Restaurants: Grand Véfour, Taillevent, Lucas Carton, Maxim's. Alle im Niedergang begriffen, das Maxim's überhaupt kein Restaurant mehr. Véfour hatte bei mir an erster Stelle gestanden. Valerie hatte es aus irgendeinem Grund nicht geschätzt. Ich beschloss, mir dort für den ersten Abend, an dem ich keine Verpflichtung an der Sciences Po hatte, einen Tisch zu reservieren. Selbst wenn Ochsenschwanz und Kalbsbries nicht mehr so waren, wie ich sie in Erinnerung hatte, konnte doch weder der Charme des Palais-Royal verflogen sein noch die staunenswerte Schönheit des Interieurs aus dem achtzehnten Jahrhundert mit den Spiegeln und dem vergoldeten Schnitzwerk. Ausgeschlossen. Das Interieur stand sicher unter Denkmalschutz. Jeanne, Valeries unmittelbare Vorgängerin, war liebend gern dorthin gegangen. Am Ende hatte ich sie schändlich behandelt, aber vorher, als wir zusammen waren, hatte ich nie etwas gegen Essen in einem guten Restaurant gehabt. Außerdem waren damals die Menüs für einen Amerikaner, der mit US-Dollar bezahlte, durchaus erschwinglich. Ich hasste den Gedanken daran, wie viel das Dinner heutzutage kostete, angenommen, ich aß den Ochsenschwanz oder das Kalbsbries, vorher Krustentiere und zum Dessert eine Crème brûlée. Dazu eine halbe Flasche Wein und einen *fine*. Es kam nicht darauf an. Hatte ich nicht beschlossen, dass Sparsamkeit in meinem Fall unsinnig war? Durch Jeanne, die wirklich gern aß und deren Geschmack in Fragen des Essens und der Restaurants meinem ähnlicher war als Valeries, lernte ich auch das Bistro an der Rue du Cherche-Midi kennen, das ein

Paar betrieb, mit dem ich mich anfreundete. Der Mann kochte, seine Frau war an der Kasse. Eine schöne traditionelle Aufteilung. Das Paar hatte sich vor Jahren zur Ruhe gesetzt, aber das Restaurant gab es vielleicht noch. Es wäre reizvoll, das zu erkunden. Die kleine marokkanische Couscous-Kneipe, eine Querstraße weiter, in der wir das weltbeste Couscous mit Merguez aßen, war auch eine ihrer Entdeckungen gewesen.

Jeanne. Es war ganz natürlich, dass ich mehr an Valerie dachte, als mir lieb war, während Jeanne in meiner Erinnerung kaum noch vorkam. Und das, obwohl wir, je nachdem, wie man rechnete, über zwei Jahre zusammen gewesen waren, vielleicht sogar vier. *Was regt die Phantasie nun stärker an, Frau, die man verlor, Frau, die man gewann?* Ich hatte es immerhin fertiggebracht, Valerie zu verlieren, und wünschte mir nun, ich könnte sagen: Gott sei Dank! Ob der Tag je kommen würde? Nicht hilfreich war, dass ihr Name und nicht erbetene Informationen über ihre und Monsieur Leblancs Aktivitäten immer wieder in Mitteilungen meiner Kinder auftauchten. Eine Nachricht, die mich hätte wütend machen sollen, mich aber zum Lachen brachte, war eine E-Mail von Barbara, die ich ein paar Tage vor meinem Aufbruch nach Paris erhielt. Den ganzen Sommer lang hatte ich nichts von ihr gehört.

Dad, schrieb sie, Rod sagt, du bist unterwegs nach Paris zu irgendeinem Treffen und wirst mehrere Wochen wegbleiben. Mom muss wegen eines großen kulinarischen Wettbewerbs von Spitzenköchen nach East Hampton. Sie gehört zur Jury. Ist es ein Problem für dich, wenn sie und Louis im Haus wohnen? Ist deine Haushälterin da, kann sie das Haus öffnen und helfen? Immer noch Gloria?

Unterschrieben mit »Barbara«. Keine Spur von Floskeln wie »Herzlich« oder »Hab dich lieb« oder »Ich hoffe, es geht dir gut«. Ich prüfte die Nachricht genau. Sie war mit Sicherheit von ihrem Gmail-Konto abgeschickt. Wenn jemand sie zu Phishingzwecken gehackt hatte, würde die Person dann eine dermaßen lächerliche Mail schicken, die so typisch für Barbara war? Ich rief Rod an. Ja, er war in seinem Büro, und selbstverständlich würde er sich Barbaras Mail ansehen, wenn ich sie ihm weiterleitete. Er rief nach einer knappen halben Stunde zurück.

Das ist allerhand, sagte er. Barbs hätte dich wenigstens anrufen sollen.

Vielleicht, sagte ich achselzuckend. Wahrscheinlich hat sie meiner oder ihrer Langmut am Telefon nicht getraut. Ich frage mich nun aber vor allem: (a) Antworte ich ihr überhaupt, (b) sage ich ihr, sie sei nicht ganz bei Trost, oder (c) sage ich: kein Problem, solange sie eines der Gästezimmer benutzen? In meinem Bett will ich sie nicht haben. Ich bin in Versuchung, gar nicht zu antworten.

Es lohnt nicht, Dad. Barbs ist Barbs. Mom müsste sich auf ihren Geisteszustand hin untersuchen lassen, aber das ist ein anderes Problem. Warum machst du es dir nicht leicht und gibst ihr dein Okay? Wenn es dir zu viel ist, kann ich für dich mit Barbara reden. Schick mir einfach Glorias Telefonnummer, damit sie ihr Bescheid sagen können, und ich gebe alles weiter, was du mir sonst noch aufträgst.

Du bist ein verflixt guter Anwalt, sagte ich. Dem Antrag ist stattgegeben. Ich schicke dir die Telefonnummer und das Kennwort für die Alarmanlage per E-Mail. Barbara und deine Mom sollten sich wenigstens bei dir bedanken, wenn sie sich schon nicht die Mühe machen, mir danke zu sagen.

Die Sciences-Po-Veranstaltung am nächsten Tag gab mir das Gefühl, es sei nicht verkehrt gewesen, an der Konferenz teilzunehmen. Mein Vortrag über die Dynamik des Präsidentschaftswahlkampfs, soweit man sie bereits aus den Vorwahlen ablesen könne, war eindeutig das, was die Gruppe wirklich hören wollte. Ihm folgte eine Diskussion *à bâtons rompus* über Themen, die ich angestoßen hatte: über den mächtigen, allgegenwärtigen Einfluss der rechtsradikalen Evangelikalen und ihre Fähigkeit, strittige Fragen, für die allem Anschein nach Lösungen erreicht worden waren, von Neuem aufzuwerfen – sollten Abtreibungen erlaubt, gleichgeschlechtliche Beziehungen zwischen Erwachsenen straffrei sein, gleichgeschlechtliche Ehen legalisiert werden?; über den schwärenden gegen Präsident Obama gerichteten Rassismus; über die legale und illegale Fremdenfeindlichkeit gegenüber Latinos, die selbst in Gebieten grassiert, in denen ihre Zahl verschwindend gering ist; über die merkwürdige und in gewisser Weise anrührende Nostalgie der weißen Arbeiterklasse im Rostgürtel mit ihrer Sehnsucht nach einer Technicolor-Version des amerikanischen Lebens, die es so wohl außer in *Die besten Jahre unseres Lebens* nie gegeben hat und die in jedem Fall nur ganz wenige von ihnen erlebt hätten. Die Idee dahinter: eine typische amerikanische Familie. Mama, Papa, zwei kleine Jungen und ein kleines Mädchen, alle weißblond. Ihre Fahrräder in der Einfahrt. Sie sind gerade vom Little-League-Spiel nach Hause gekommen, weil Papa von der Arbeit wieder da und bald Essenszeit ist. Papa hat einen festen, gutbezahlten Job in der Waschmaschinenfabrik oder ein paar Stufen höher auf der sozialen Leiter, bei der Versicherungsgesellschaft oder der örtlichen Sparkasse. Die Hypothek auf dem Einfamilienhaus, in dem die fünf wohnen, ist fast abbezahlt; der spiegelblanke Chevy in der Einfahrt ist schuldenfreies Eigentum, im nächsten Sommer wird die Familie eine Reise in die Rockies machen und im übernächsten nach Florida fahren. Und jetzt, ist das Leben immer noch so? Machen Sie Witze, Mister? Bei dieser Konkurrenz mit Ländern, wo man einen Dollar Stundenlohn zahlt, während die Fabriken hier schließen oder nach Mexiko umziehen, ist es Zeit, Amerika wieder groß zu machen!

Ich nahm teil an der Nachmittagsdiskussion über Probleme der Verteidigung im Zusammenhang mit der Truppenstärke und Einsatzbereitschaft der NATO und der besonderen Angreifbarkeit der baltischen Staaten. Im Baltikum war ich in meiner Zeit als Leiter des Moskauer Büros gewesen, als diese Staaten Teil der Sowjetunion waren. Melancholische vergessene Nester, unverständliche, in einem Meer von Russisch ertrinkende Sprachen, eine zwischen Unglück und Missmut schwankende Bevölkerung. Seit der Unabhängigkeit der baltischen Republiken war ich nicht mehr dort gewesen und merkte, dass ich ihnen jetzt von Herzen alles Gute wünschte. Wie auch immer, als das Panel zu Ende war, überkam mich der Jetlag oder schlichte Müdigkeit dermaßen heftig, dass ich das Dinner absagte, das im Hotel Lutèce stattfinden sollte. In meinem Hotel legte ich mich ins Bett und fiel in einen so tiefen Schlaf, dass ich beim Aufwachen weder wusste, wo ich war, noch, wie spät es sein mochte. Ich schaute auf den Wecker. Eigentlich hatte ich nur eine knappe Stunde geschlafen. Es war nicht zu spät für ein Dinner. Ich entschied mich, in das Restaurant an der Rue du Cherche-Midi zu gehen.

Unverändert. Das gleiche Bistro-Mobiliar, Licht, Geplauder der mit ihrem Essen beschäftigten Gäste. Ich hatte nicht reserviert, aber es gab einen Platz für mich. Als ich nach meinen Freunden von früher, den Eigentümern, fragte, hörte ich, ohne überrascht zu sein, dass sie gestorben waren. Sie waren ein paar Jahre älter als ich, und ihr Leben war viel mühsamer gewesen als meines. Jean hatte unermüdlich gearbeitet, ging schon um fünf Uhr morgens in die Halles oder zu Rungis, um Fleisch, Gemüse und Obst einzukaufen, und trank noch um Mitternacht oder später mit Kunden, mit denen er sich angefreundet hatte und die noch an ihren Tischen ausharrten, einen letzten kleinen *fine.* Und das, obwohl er in der Zwischenzeit in der Küche gestanden hatte, in der Hitze seines Herdes und seiner Backöfen, an denen er sich die Unterarme immer wieder verbrannte wie die meisten Köche. Die Speisekarte war auch unverändert. Ich bestellte mir Lauch und dann sautierte Stopfleber, mein Lieblingsgericht dort, auf das mich Jeanne aufmerksam gemacht hatte. Jeanne, die »Frau, die ich gewann« – die Frau, die ich aus meinem Leben verbannt hatte. Vergessen hatte ich sie nicht, das war unmöglich. Aber ich wusste nichts mehr von ihr. Als ich mir vor Jahren einen Laptop zulegte, übertrug meine Sekretärin Adressen aus meinem Rolodex, aus Notizbüchern und weiß der Himmel woher noch in das elektronische Adressbuch. Von da an hat mich dieses von Laptop auf Laptop und schließlich auf meine Handys übertragene, auf Telefonnummern, Straßennamen und Hausnummern reduzierte Protokoll meiner Tage und Stunden begleitet. Wie um es auf den Zufall ankommen zu lassen, gab ich auf meinem Smartphone Jeanne Brillard in »Kontakte« ein. Die Adresse Quai Anatole France wurde angezeigt, gefolgt von einer Solférino-Telefonnummer. Das war ungefähr so, als fände man heraus, dass die Telefonnummer einer alten Liebe Butterfield 8 ist. Natürlich, dachte ich. Das ist nicht ihre Adresse aus der Zeit, als wir zusammen waren. Ihre kleine Wohnung lag am rechten Seineufer, in der Rue de Penthièvre, mehr oder weniger hinter dem Bristol. An den Quai Anatole France ist sie vielleicht nach ihrer Heirat gezogen. Vielleicht nach ein paar Zwischenstationen. Hätte sie mir eine Nachricht mit einer neuen Adresse und Telefonnummer geschickt, hätte ich sie mir bestimmt notiert. Hatte sie mir eine geschickt? Vielleicht als Teil einer Heiratsanzeige? Das wusste ich nicht mehr, war mir aber irgendwie sicher, dass sie ein paar Jahre später geheiratet hatte als wir, Valerie und ich. Die einzige Frau aus Jeannes Clique in New York, der ich immer noch gelegentlich begegnete, mochte es mir erzählt haben. Sie und Jeanne waren enge Freundinnen und trafen sich in Paris.

Tarte Tatin stand auf der Tageskarte. Das war ein Kuchen, den Jeanne gern aß. Ich bestellte ihn im Glauben an die Theorie, dass es bei mir auf ein paar Pfunde mehr absolut nicht ankam. Eine vernünftige Entscheidung. Die Tarte war ganz genauso gut, wie ich sie in Erinnerung hatte.

Eins führt zum anderen. Warum nicht Jeanne anrufen und fragen, ob wir uns treffen können, wenn auch nur, um abzuschätzen, welches Spiel die Zeit mit uns getrieben hat? Jemand in der Rezeption des Hotels konnte für mich die Modernisierung dieser Solférino-Nummer vornehmen. Am nächsten Morgen würde ich an der Sciences Po an einem Panel teilnehmen, aber nach dem Lunch wollte ich sie anrufen, wenn ich es mir nicht noch anders überlegte.

VI

Sie nahm den Anruf selbst an. Diese Stimme hätte ich überall erkannt, dachte ich.

Hallo, Jeanne! Ich bin's. Du wirst es nicht glauben. Hugo. Hugo Gardner. Ich bin in Paris, wegen einer Konferenz. Gestern Abend habe ich im Chez Joséphine gegessen. Ich hab an dich gedacht und beschlossen, dich anzurufen.

Hallo, Hugo. Das ist sehr nett.

Wir sprachen Französisch. Das hatten wir so gehalten, seit wir uns zum ersten Mal in New York auf einer Party begegnet waren, die junge Franzosen veranstalteten, die Internationalen, wie sie sagte. Französisch wurde unsere Sprache, eine Gewohnheit, die keiner von uns beiden abzuschütteln versuchte. Ihr Englisch war sehr gut, auch wenn es ihr von Zeit zu Zeit ein wenig verrutschte, und sie hatte so gut wie keinen Akzent. Wenn wir mit Englisch sprechenden Leuten zusammen waren, wechselten wir sofort ins Englische. Ich korrigierte ihr Englisch nicht und sie fast nie mein Französisch, obwohl ich sie gebeten hatte, mich auf meine Fehler aufmerksam zu machen. Das stimmt nicht ganz. Sie korrigierte mich, wenn ich »*le*« statt »*la*« sagte oder umgekehrt, diese Falle, in die fast jeder tappt, dessen Muttersprache nicht Französisch ist.

Sie war verstummt.

Nun hatte ich die Wahl, ob ich mich so bald wie möglich wieder verabschieden oder am Ball bleiben und irgendwas sagen wollte, und ich riskierte es: Ich würde dich gern nach all der Zeit mal wiedersehen und Versäumtes aufholen. Würdest du morgen mit mir zum Lunch gehen oder zum Dinner oder etwas mit mir trinken? Ich würde mich riesig freuen.

Nach einer Pause, die mir sehr lang vorkam, sagte sie: Das Aufholen ist ein ziemliches Projekt, meinst du nicht? Aber ja, sie würde mich gern sehen. Tee oder ein Drink morgen um sechs Uhr? Die Adresse hast du? Wir wohnen nur ein paar Schritte vom Museum. Dritter Stock. Sie sagte mir noch den Code für das Haus. Wenn du dich vertippst, ruf bitte an. Dann kommt jemand hinunter und lässt dich ein.

Am nächsten Nachmittag ging ich ins Musée d'Orsay, und zu meiner Überraschung musste man am Eingang nicht Schlange stehen. Kurz nach fünf wanderte ich am Quai entlang zur Place du Palais-Bourbon, trank einen Espresso und einen Kognak und kaufte an der Ecke Rue de Bourgogne einen, wie ich fand, schönen, unaufdringlichen kleinen Strauß Rosen. So gerüstet machte ich an der Ecke Quai Anatole France und Rue de Solférino kehrt. Um Punkt sechs Uhr klingelte ich an Jeannes Tür. Ein schwarz gekleideter Mann öffnete mir, nahm mir die Blumen ab und sagte: Madame la comtesse ist in der Bibliothek. Bitte, folgen Sie mir.

Es war ein großer Raum, viel Licht und Fenster mit Blick auf den Fluss und die Tuilerien, dunkle Mahagonitäfelung, in Leder gebundene Bücher in den Regalen, ein Sofa und Sessel mit Lederbezügen und ein großer Empire-Schreibtisch. Darauf standen ein Laptop und eine Empire-Lampe. Kein einziges Blatt Papier, keine Zeitung, keine Zeitschrift zu sehen. Sie erhob sich zur Begrüßung und streckte mir die Hand entgegen. Ich küsste sie nicht. Die Geste wäre mir theatralisch vorgekommen. Dass sie mir nicht die Wange zum Kuss geboten hatte, machte mich traurig.

Du bist alt geworden, Hugo, sagte sie, aber sonst nicht sehr verändert. Immer noch dünn, immer noch elegant, aber so ernst. Viel ernster als in den alten Zeiten. Hast du vergessen, wie man lacht, *rigoler*?

Das ist durchaus möglich, sagte ich und mühte mich, zu lächeln, anscheinend lache ich immer seltener. Aber ich freue mich sehr, dich zu sehen. Schon das hebt meine Stimmung gewaltig.

Ihr Gesicht ist noch wie früher, dachte ich, fast faltenlos, dank der winzigen Fettschicht, die ihren Zügen immer eine puppenhafte Rundlichkeit verliehen hatte. Sie trug eine schwarze Djellaba von so raffiniertem Schnitt, dass ich sicher war, das Kleid hatte sie bei Saint Laurent an der Place Saint-Sulpice gefunden und nicht in einem marokkanischen Souk. Falls sie zugenommen hatte, sah man es nicht. Das schöne Gewand ließ sie hoheitsvoll aussehen.

Der Mann in Schwarz kam mit den Rosen zurück, die er in eine Vase gestellt hatte. Sie war ganz begeistert von den Blumen und fragte, was ich trinken wolle. Mir stand der Sinn sehr nach einem großen Bourbon, aber dies war ein französischer Haushalt, traditionell anscheinend auch. Ein Bourbon war hier wohl nicht vorgesehen.

Einen Scotch und Soda, sagte ich, mit recht viel Whisky und nicht zu viel Soda.

Madame la comtesse wünschte ein Glas Champagner.

Mit diesen Instruktionen zog sich der Mann zurück und kam erstaunlich schnell mit unseren Drinks wieder. Inzwischen hatte Jeanne mich auf das Sofa komplimentiert und setzte sich ans andere Ende.

Erzähl mir von dir, sagte sie. Bist du verheiratet?

Ich war's, bis vor einem knappen Jahr. Valerie, meine Frau, hat mich verlassen.

Valerie! Das ist die Frau, für die du mich abserviert hast!

Ich nickte. Das ist leider wahr. Sie ist ohne Vorwarnung gegangen, wegen eines jüngeren Mannes. Jünger als sie ist er. Ein Franzose. Ein *bistrotier* sogar! Besitzt ein paar angesagte Restaurants in New York und womöglich eins irgendwo in Frankreich. Ich tappe etwas im Dunkeln, was ihn betrifft. Wir sind uns nie begegnet, das kannst du dir ja denken.

All diese Gardners, und ... wie war der Mädchenname deiner Mutter?

Choate.

All die Gardners und Choates werden sich im Grabe umdrehen!

Zweifellos, und mit gutem Grund.

Und du hast Kinder mit Valerie, nehme ich an.

Ja, einen Sohn, der Anwalt in New York ist, selbst verheiratet, mit zwei Kindern, und eine jüngere Tochter, Ehefrau eines Dermatologen in Wellesley. Sie hat auch zwei Kinder, aber keine Beschäftigung, es sei denn, ihren Vater gehässig zu behandeln kann als Beruf durchgehen.

Wie schade. Töchter sollten doch nett zu ihren Vätern sein. Und du hast deinen wunderbaren Beruf aufgegeben und ein amüsantes Buch über Clinton geschrieben. Ich habe es gelesen und sehr gelacht. Du siehst, ich halte mich auf dem Laufenden – mehr oder weniger.

Ja, ich bin im Ruhestand, und ja, ich habe das Buch geschrieben. Dass du sagst, es hat dich zum Lachen gebracht, ist das größte Kompliment, das ich bis jetzt gehört habe. Und ich habe gerade ein anderes abgeschlossen, über George W. Bush und Dick Cheney. Ob dich das zum Lachen oder zum Weinen bringen wird, weiß ich nicht. Und jetzt bin ich an der Reihe, dich das eine oder andere zu fragen.

Nein, zuerst habe ich noch eine Frage: Warum blickst du so säuerlich drein?

Lachend antwortete ich, vielleicht, weil das Gesicht der Spiegel der Seele ist, oder womöglich, weil ich fast ununterbrochen Kreuzschmerzen habe. Keine Sorge. Schneiden und Nähen scheint nicht nötig zu sein. Nur ungefähr alle sechs Monate Steroid-Injektionen. Aber der Schmerz bringt mich zum Grimassieren.

Sie sah ehrlich mitfühlend aus, und einen Augenblick lang glaubte ich, sie würde auf dem Sofa näher rücken und mir vielleicht die Schulter reiben oder gar das Kreuz. Aber falls sie einen derartigen Impuls verspürte, unterdrückte sie ihn und sagte: Das tut mir so leid. Versuch's doch mal mit Akupunktur.

Danke, erwiderte ich. Schon passiert. Netter Kerl. Ich mag die Chinesen. Null Ergebnis. Aber dieser Rückenschmerz ist so ein alter Freund, am Ende würde er mir fehlen, wenn er nicht mehr da wäre! Und jetzt bin wirklich ich an der Reihe. Du bist verheiratet, glaube ich. Noch verheiratet?

Oh ja, noch verheiratet. Zwei Jahre nachdem du mich abserviert hast, habe ich Hubert de Viry kennengelernt, und ein paar Monate später waren wir verheiratet.

Bitte, Jeanne, ich habe mich scheußlich benommen. Es war ein schlimmer Fehler. Aber es gibt eine Verjährung. Bitte, verzeih mir.

Ich glaube, verziehen habe ich. Aber vergessen kann ich nicht. Übles Benehmen und Grausamkeit sind, was sie sind. Man kann sie nicht wegerklären. Aber sag nicht, was passiert ist, sei ein Fehler gewesen. Wie soll man das Ende einer Geschichte kennen, die nicht geschrieben wurde? Hättest du das Ende deiner Geschichte mit Valerie vorhersehen können? Wie können wir wissen, was zwischen dir und mir gewesen wäre?

Man kann es nicht. Man kann nur hoffen. Versuchen, durchzuhalten.

Also wirklich, Hugo! »Durchhalten«, was hat das damals für dich bedeutet?

Ein Punkt für dich. Ich weiß es nicht. Habt ihr Kinder, du und Hubert?

Sie schüttelte den Kopf.

Hubert konnte keine Kinder haben.

Das tut mir leid.

Mehr sagte ich nicht, aber ich erinnerte mich lebhaft, wie sehr sie sich Kinder gewünscht hatte. Dass sie immer wieder davon anfing, war in der Tat eines von den Themen, die mich damals auf die Palme brachten. Nicht, weil ich irgendwelche philosophisch gefärbten Einwände gegen eigene Kinder gehabt hätte – dass man keine

Kinder in diese grausame Welt setzen sollte oder so – oder weil meine Misanthropie auch vor Babys und kleinen Jungen und Mädchen nicht Halt machte, sondern, weil das Leben, das ich als vielbeschäftigter Auslandskorrespondent führte, mich immer mehr fesselte und mir vollkommen unvereinbar mit der Gründung einer Familie erschien. Wenn ich bedenke, wie Barbara sich über meine Versäumnisse als Vater beklagt, kann ich nicht umhin zu meinen, dass ich damals recht hatte. Was passierte, als Valerie Jeannes Platz einnahm? Erstens war ich, als wir heirateten, Leiter des Pariser Büros geworden und hastete nicht mehr rund um den Globus. Zweitens sprach Valerie zwar nur erfreulich allgemein über Kinder, nahm aber sozusagen die Sache selbst in die Hand. Sie hatte ein Pessar benutzt und es dann einfach nicht mehr eingesetzt. Die natürliche Folge trat ein. Als ich mein Erstaunen über ihre ausbleibende Periode und den positiven Schwangerschaftstest äußerte, beichtete sie mir mit großer echter oder gespielter Angst und verwöhnte mich mit dem bis dahin besten Blowjob. Als sie ihre Technik verfeinerte, gab es mehr davon, genauso gute oder bessere, aber das war später, in der Zukunft, und in diesem Moment war ich so aus dem Gleis vor Lust, dass ich gar nicht aufhören konnte, ihr zu danken, weil sie mich so glücklich machte und unser Kind trug.

Jeanne musste meine Gedanken gelesen haben – jedenfalls soweit sie mit ihr zu tun hatten.

Ich hab dich in den Wahnsinn getrieben, weil ich immerfort davon redete, wie sehr ich mir Kinder wünschte. Da siehst du, wohin es mich gebracht hat. Egal! Möchtest du Hubert kennenlernen?

Natürlich.

Er ist zu Hause. Hubert, muss ich dir sagen, leidet an fortgeschrittener Demenz. Er spricht nicht. Er lallt. Es ist Aphasie, keine Paralyse. Er kann sich nicht an Wörter erinnern. Manchmal weiß er, wer ich bin. Jemand, dem er vertraut, jemand, der okay ist. Mit dem Begriff »Ehefrau« kann er nichts anfangen, glaube ich. Wahrscheinlich bin ich für ihn so jemand wie die Pfleger, die ihn versorgen. Vertraut und nett. Er ist sanftmütig geblieben. Das sei ungewöhnlich, sagte man mir. Noch kann er schlucken und hat keine physischen Krankheitssymptome außer einer allgemeinen Muskelschwäche. Er weiß wohl nicht, wo er ist, kann nicht von einem Zimmer ins andere finden, ich glaube, für ihn ist alles ein verschwommener grauer Fleck. Aber das ist wahrscheinlich eine sinnleere Metapher. Die Neurologen sagen, Alzheimer sei es eigentlich nicht, auch keine frontotemporale Demenz und keine Parkinson-Variante, sondern eine Demenz-Mischung. Ein aus allen Schrecken zusammengerührter Cocktail.

Das ist ja furchtbar. Seit wann?

Seit er einundsechzig oder zweiundsechzig war. Seit mehr als fünfzehn Jahren. Damals ist uns zuerst aufgefallen, dass mit ihm was nicht stimmt. Er musste mit der Arbeit bei der Bank aufhören. Dann wurde alles ziemlich schnell schlimmer. Möchtest du es selbst sehen?

Ich nickte.

Sie drückte auf einen Knopf am Schreibtisch. Als der Mann in Schwarz eintrat, kündigte sie ihm an: Wir werden Monsieur le comte in ein paar Minuten besuchen.

Zu mir sagte sie: Ich sage das, damit der Pfleger ihm

erklären kann, dass Besuch kommt, und dafür sorgt, dass alles in Ordnung ist.

Es war wieder ein Zimmer mit Blick auf den Fluss. Mit braunem Stoff bespannte Wände, viele Jagdszenen, zwei Sofas, Sessel und ein sehr großer Fernsehbildschirm, auf dem ohne Ton ein Basketballspiel lief. Auf einem der Sofas dem Bildschirm gegenüber saß Hubert. Ein großer kräftiger kahlköpfiger Mann mit Adlernase. Mir fiel sofort auf, wie sorgfältig gekleidet er war: gut gebügelte Khakihosen, polierte Schuhe, rostbraunes Hemd mit offenem Kragen und einem akkurat geknüpften Ascotschal, dunkelbrauner Kaschmirpullover mit V-Ausschnitt, Kaschmirsocken zum Hemd passend. Jeanne erzählte mir später, in dem Zimmer stehe kein Couchtisch, weil er leicht darüber stolpern könne.

Hubert, hallo, hallo, sagte Jeanne sehr laut. Dies ist ein Freund. Ein sehr netter Mann. Er wollte hallo sagen! Und da drüben ist Viktor, auch ein sehr netter Mann, der Hubert hilft.

Sie zeigte auf einen Mann in einem grauen Anzug, der von einem Stuhl am Fenster aufgestanden war, als wir hereinkamen.

Wir geht es Monsieur le comte heute Nachmittag? Hat er seinen Tee getrunken?

Ja, Madame, der Kuchen hat ihm sehr gut geschmeckt.

Hubert, der im Zimmer von einer Seite zur anderen geschaut hatte, als halte er nach Jeanne Ausschau oder dem Freund, der zu Besuch gekommen war, lächelte inzwischen breit und sagte ständig hallo, hallo …

Wie ein Papagei, dachte ich.

Wenn das so ist, sagte Jeanne, kann er wohl seinen

Abendcocktail haben, meine ich. Sie setzte sich auf das andere Sofa und fragte, ob ich gern noch einen Whisky hätte.

Einen kleinen, bitte, sagte ich. Pur.

Gut. Ich nehme noch ein Glas Champagner. Viktor, sagen Sie bitte Georges Bescheid?

Der Mann in Schwarz trat ein. Auf seinem Tablett standen Jeannes und meine Getränke und ein Glas mit einer grünen Flüssigkeit.

Ich hob die Brauen.

Das ist Huberts Suze, sagte Jeanne und lachte. Sein Suze! Viktor, bitte bieten Sie Monsieur le comte seinen Suze an.

Monsieur le comte, sagte Viktor in einem Singsang und ging auf Hubert zu, bitte sehr, Ihr Abend-Suze. Ganz köstlich! Wie immer!

Hubert hörte auf mit dem Hallo, hallo und sagte stattdessen Suze! Suze! Suze! Viktor hielt das Glas vorsichtig für ihn, während der arme Mann das Zeug tatsächlich schlürfte.

Schmeckt so gut!, sagte Viktor.

Gut! Gut! Gut!

Suze ist ein scheußlicher Aperitif, den die Familie von Huberts Mutter herstellte und der ein Vermögen einbrachte, sagte Jeanne. Kennst du Suze nicht? Vor einer Weile, noch gar nicht so lange her, war das Zeug unglaublich populär, und ich glaube, manche Leute trinken es immer noch. Angeblich hat es wunderbare Heilkräfte. Natürlich hat die Familie das Unternehmen verkauft. Kurz nach dem Krieg, glaube ich.

Wir verabschiedeten uns von Hubert und Viktor.

Jeanne begleitete mich in die Diele, und ich verstand das als Hinweis, dass mein Besuch zum Abschluss kommen solle.

Hubert wird so wunderbar versorgt, sagte ich.

Sie nickte. Wir tun, was wir können.

Das sieht man.

Und dann fragte ich sie ganz direkt – weil ich nicht wusste, wie ich Rücksicht auf das nehmen sollte, dessen Zeuge ich gerade geworden war –, wann kann ich dich wiedersehen? Zum Dinner? Sag einen Tag.

Meinst du wirklich, das ist *utile*? Hat das Sinn?

Ich möchte es wirklich gern.

An vielen Abenden kommt seine Schwester vorbei oder sein Neffe oder seine Nichten. Ich bin gern zu Hause, wenn sie hereinschauen. Bist du nächsten Montag noch hier?

Ich nickte.

Dann am Montag, halb neun. Wo treffen wir uns?

Ich weiß nicht, ob ich wirklich erwartet hatte, dass sie ja sagte, und war einen Moment lang um eine Antwort verlegen. Im Lipp? Relais Plaza?, schlug ich dann vor. In einem anderen Restaurant, in das du gern gehst? Früher mochtest du das Relais.

Nein, nein. Gehen wir wieder zu Joséphine.

Danach wanderte ich lange durch die Stadt, zuerst zum Invalides, wo ich das schönste Heim für Kriegsveteranen bewunderte, das je ersonnen und gebaut wurde, dann über die Seine zum rechten Ufer und durch den Cours-la-Reine zur Place de la Concorde. Überwältigt von einem seltsamen Glücksgefühl, einem Strudel heftiger, manchmal widersprüchlicher Empfindungen, die das Wiedersehen mit Jeanne und auch die Schönheit des wunderbaren Stadtraums von den beiden Gabriel-Bauten am nördlichen Rand des Platzes über die Seinebrücke bis hin zum Palais Bourbon ausgelöst hatten, kehrte ich um zum Hôtel des Invalides und ging dann weiter zu einem Haus am Boulevard des Invalides, in dem Jacques Legrand gewohnt hatte, ein junger Franzose, den ich kennenlernte, als ich während meiner Militärdienstzeit beim SHAPE in Fontainebleau stationiert war. Jacques wurde ein Freund, bald mein bester Freund in Frankreich. Zu der Zeit hatte ich gerade fünf Jahre Jungeninternat hinter mir und vier Jahre im Harvard College mit seinen besonderen Regeln, die Damenbesuch im Zimmer während der Woche von vier bis sechs und an den Wochenenden von ein bis sieben oder vielleicht acht Uhr erlaubten, allerdings nur, wenn man die Zimmertür offen ließ, sodass die Freiheit, die Jacques in seiner Bude genoss, samt den amourösen Waffengängen, die sich dort abspielten und deren Höhepunkte er mir gern beschrieb, mich ganz benommen machten. Eine Geschichte erhitzte meine Fantasie besonders, die Geschichte von einer üppigen jungen Frau, einer Südfranzösin mit dem entsprechenden Akzent, die bei Jacques wohnte, weil sie kein Quartier fand, die aber nicht seine Freundin war, behauptete er, sondern nur eine *copine,* eine Kumpanin. Darin kam ein Gefecht mit Handtüchern vor, das sie ausfochten, bevor sie schlafen gingen, oder gleich morgens früh oder während sie sich zum Ausgehen umzogen; sie jagten einander und schlugen sich gegenseitig auf die nackten Hinterteile. Ich glaube, Jacques hat mir nicht erzählt, ob sie vor oder nach diesen Gefechten Liebe machten oder ob sie überhaupt miteinander schliefen. Ich konnte die fehlenden Daten durch je nach Gemütslage und Bedürfnissen unterschiedliche Varianten besser als gut ergänzen. Nicht lange danach schlief ich dann selbst mit der Frau, von Jacques nachdrücklich ermutigt, auf seiner Bude, wenn er nicht da war, oder in einem billigen, aber sauberen kleinen Hotel ausgerechnet in der Rue du Cherche-Midi, ein paar Schritte vom Boulevard du Montparnasse entfernt, gegenüber vom Joséphine, das es damals aber noch nicht gab, jedenfalls wurde es noch nicht von den Eigentümern betrieben, die ich so gut kennenlernen sollte. Das war ein Erlebnis, wie ich es noch nie gehabt hatte, sie war massig und stark wie eine junge Stute. Ich dachte, sie würde mich womöglich in der Mitte durchbrechen. Dazu kam es nicht, weil ich kurz danach demobilisiert wurde und nach New York zurückkehrte. Als ich das nächste Mal wieder in Paris war, versuchte ich nicht, sie ausfindig zu machen. Jacques erzählte mir später, sie habe ein *atelier de mode* in Arles.

Was wäre, wenn ich an Jacques Haustür klingelte? Das war natürlich absurd, er war ja schon in den siebziger Jahren umgezogen, als er heiratete, und wohnte jetzt in einer Seitenstraße der Rue de la Pompe, am anderen Ende der Stadt. Vor meinem Aufbruch aus Bridgehampton hatte ich dort angerufen, aber niemanden erreicht, auch nach meiner Ankunft in Paris hatte ich es ein paar Mal vergeblich versucht. Ich wusste nicht, wie ich mir das erklären sollte, da er mir eine Adressänderung bestimmt mitgeteilt hätte. Natürlich konnten er und Lucie auf Reisen sein oder in ihrem neuen Haus auf dem Land irgendwo in der Normandie, in dem ich nie gewesen war. Seine Telefonnummer dort hatte ich nicht. Selbst ein Technikfeind wie Jacques besaß wahrscheinlich ein Handy, aber die Nummer hatte er mir nie gesagt. Es musste doch eine Möglichkeit geben, ihn zu finden. Verdammte Franzosen! Warum haben sie Minitel eingestellt, Minitel, ihren superschlauen kleinen Computer, mit dessen Hilfe man jeden überall in Frankreich finden konnte und der auch ungefähr alles andere für einen tat, einem nur nicht die Butter auf die Baguette schmierte? Wahrscheinlich war etwas anderes online verfügbar, eine Art Telefon- und Adressbuch. Ich würde nach der Morgensitzung an der Sciences Po nachsehen. Ich würde auch die nationale Telefonauskunft versuchen, wenn es sie noch gab.

Meine Stimmung trübte sich. So etwas wäre mir nicht passiert, bevor ich Pensionär wurde, als ich noch eine Ganztagssekretärin hatte, die das Kommen und Gehen meiner Freunde und ihre Koordinaten im Blick behielt. Ich war müde und hungrig. Wie wär's mit dem Lipp? Wieder ein langer Weg. Ich sah die Straße hinauf und hinab und hoffte auf ein Taxi. Wie üblich, waren keine unterwegs, und an den beiden Taxiständen, an denen ich vorbeikam, warteten auch keine. Ein Uber rufen? Aber welche Adresse angeben? Das Café an der Ecke war geschlossen. Ich zuckte die Achseln und marschierte weiter. Monsieur Gilles ließ mich nicht im Stich. Er begrüßte mich wieder wie einen lange vermissten Freund und versicherte mir, in fünf Minütchen werde ein Tisch für Monsieur Gardner frei.

Ich brauchte einen Drink vor dem Essen, und im Normalfall hätte ich um einen Bourbon gebeten, aber eine Art Automatik änderte die Wörter, bevor sie mir aus dem Mund kamen. Ich bestellte stattdessen einen Scotch und Soda. Obwohl ich bestimmt die Flasche nicht rieb, als der Kellner sie mit dem Siphon und einem kleinen Kübel Eiswürfel auf den Tisch stellte, stieg meine Vergangenheit mit Jeanne wie der Geist aus seinem Gefängnis, wo immer es sein mochte, und zwar so frisch und gegenwärtig, dass mir die Tränen über die Wangen liefen. Auch mein Dinner bestellte ich automatisch: Bismarkhering, eine *brandade de morue* und eine halbe Flasche Côtes du Rhône. Côtes du Rhône, nicht den Bordeaux des Hauses? Gewiss. Der Kellner hat immer recht, es machte keinen Unterschied.

Die Geschichte beginnt im Jahr 1977 in New York, bei einem Treffen des Council of Foreign Relations für Cy Vance, zu dem jemand einen meiner Kollegen von *Paris Match*, einen Korrespondenten, der seine Zeit zwischen New York City und DC teilte, als Gast mitbrachte. Er begrüßte mich erfreut. Ich nahm seine Einladung zu einer Party an, die ein paar junge Franzosen am nächsten Abend veranstalten wollten.

Da werden hübsche Mädchen sein, versicherte er mir.

Es war, wie er sagte. Mädchen im kleinen Schwarzen mit makellosen weißen Strümpfen, hohen Absätzen, Perlenschnüren, blonden oder rabenschwarzen Haaren, alle schlank, nicht wenige flachbrüstig, Mädchen zwischen zwanzig und Anfang dreißig. Auch Burschen, nur dass man wohl sagen würde: Männer, weniger einheitlich schlank, in knappsitzende zweireihige marineblaue Blazer mit Messingknöpfen gezwängt, mit Haaren, die sich oft über Ohren und Hemdkragen ringelten, schwarzen Loafer mit Quasten, denen eine Politur gut getan hätte, gestrickten marineblauen Krawatten. Mitarbeiter in Handels- oder Investmentbanken oder Unternehmensberatungen, junge Leute, denen die Initialen H. E. C. auf die Stirn geschrieben standen, École des hautes études commerciales, die als die beste französische Wirtschaftshochschule gilt und zu der man nur nach einem erfolgreich absolvierten Ausleseverfahren zugelassen wird. Eine Institution, die eine bestimmte Spielart der französischen Bourgeoisie hochschätzte, die ich aber geringschätzte, so gering wie Diplome der Harvard Business School und ähnlicher Institute. Buchführung habe ich immer als eine wesentliche Fähigkeit anerkannt. Aber Vermarkten? Marketing? Fallstudien, die erfolgreiches Widget-Marketing mit gescheitertem vergleichen? Management-Philosophie? Mit welcher Taschenspielerei hat man Tricks beim Feilschen, die am ehesten in einen Souk oder Basar gehören, wo sie vom Vater auf den Sohn oder vom Onkel auf den Neffen übergehen, in eine akademische Disziplin verwandelt, die berühmte Professoren für Unternehmenspolitik, Teamarbeit, die Entwicklung von Mentalitäten zur kreativen Problemlösung und so weiter und so weiter in modischen Gebäuden am Charles River lehren? Ein betrügerisches Spiel, so betrügerisch oder noch trickreicher als das Spiel, das fünfundzwanzig Jahre danach George W. und Dick Cheney mit der Nation treiben sollten. Ich ging von einer Gruppe zur anderen, lauschte Unterhaltungen und kam zu dem Ergebnis, dass kein Arzt, Tierarzt oder Journalist dabei war außer meinem Freund von *Paris Match*. Ein rundlicher Mann schien Kunsthändler zu sein, und ein anderer, vielleicht sein Zwilling, handelte mit Antiquitäten. Dieses Treffen fand in einem neuen Hochhaus in den East Fifties statt, vom Wohnzimmerfenster aus hatte man einen herrlichen Blick auf das Pepsi-Cola-Schild am Fluss. Ich schüttelte meinem Freund heimlich und herzlich die Hand, fühlte mich nicht verpflichtet, mich vom Gastgeber zu verabschieden, dem man mich nicht vorgestellt hatte, und wollte gehen, aber eine besonders hübsche junge Frau mit besonders hübschen gleichmäßigen Zügen, einem tief ausgeschnittenen kleinen Schwarzen, das ich für *le dernier chic* hielt, und drei Reihen Perlen auf ihrer milchweißen Haut, versperrte mir den Weg.

Sie sind Hugo, Hugo Gardner, versicherte sie. Roland – das war mein Freund – hat mir gesagt, dass Sie hier sind, und hat Sie mir gezeigt.

Ihr Englisch war sehr hübsch, genau wie sie.

Ich bestätigte, dass dies mein Name sei.

Ah, dann können wir Französisch sprechen. Das ist so viel leichter!

Sie ratterte wesentliche Daten herunter: Sie sei Französin mit einem Diplom der Sciences Po und einer *licence* (so etwas wie ein Bachelor) in Jura von der Sorbonne, habe aber nicht die Absicht, je praktizierende Juristin zu werden, und sie sei in New York mit einem zeitlich unbegrenzten Auftrag, für Saint Laurent Öffentlichkeitsarbeit zu machen und Möglichkeiten zum Einstieg in den Markt für Konfektionsware zu prüfen. Sie habe sich sehr gewünscht, Journalistin zu werden, aber daraus sei nichts geworden. Stellen für Frauen gebe es, außer im Modebereich, fast gar nicht, und über Mode wolle sie nicht schreiben. Sie habe auf allgemeine Berichterstattung gehofft, nicht notwendig politische, sondern gesellschaftliche ... Ob wir uns über den Beruf unterhalten könnten – ganz allgemein natürlich, sie wolle mich nicht um Hilfe bei der Jobsuche bitten?

Ich erklärte, mit dem größten Vergnügen würde ich das tun, aber ich sei dabei, mich zu verabschieden. Vielleicht ein andermal.

Haben Sie schon zu Abend gegessen? Nein, offenbar nicht. Haben Sie eine Verabredung zum Dinner?

Ich schüttelte den Kopf. Die Antwort auf beide Fragen sei Nein.

Können wir zusammen zum Dinner gehen? Essen Sie gern türkisch?

Meine Antwort: Ja.

Wollen wir nicht in das türkische Restaurant an der Second Avenue, Ecke Sixty-Eighth Street gehen, mein Lieblingsrestaurant, ganz nah an meiner Wohnung? Es ist ausgezeichnet.

Das Essen war sehr gut. Noch bemerkenswerter war, wie sie ihr Knie gegen meines drückte und mit ihrem Lächeln keinen Zweifel daran ließ, dass sie genau das auch beabsichtigte. Und sie redete ununterbrochen. Nicht über Journalismus, sondern sie erzählte mir, dass sie einen jüngeren Bruder hatte, dass ihr Vater als Händler mit Autoersatzteilen angefangen – ich spürte, dass sie meine Körpersprache daraufhin prüfte, was ich von dieser Branche hielt –, damit gutes Geld verdient hatte und dann ins Immobiliengeschäft eingestiegen war. Zuerst ging es um Mietshäuser, vor allem im siebzehnten, fünfzehnten und vierzehnten Arrondissement. Jetzt war er auch Bauunternehmer mit Projekten in Neuilly und in der Nähe der Porte de Versailles.

Das klingt faszinierend und sehr lukrativ, sagte ich!

Ja, sehr, erwiderte sie ganz ernsthaft. Er möchte, dass ich mit ihm im Unternehmen arbeite, weil ich das Examen in Jura habe und alles und weil er meint, dass ich nicht auf den Kopf gefallen bin, aber ich will nicht. Nicht, solange er noch dermaßen energiegeladen ist und keine Hilfe von der Familie braucht. Und er hat meinen Bruder. Obwohl der eigentlich zu gar nichts taugt!

Dann fragte sie mich, wie viel Zeit ich in New York verbringe.

Schwer zu sagen, erklärte ich, es hängt von meinen Aufträgen ab. Vielleicht ein Drittel meiner Zeit? Vielleicht auch weniger. Aber ich habe hier diese kleine Wohnung und sehe die Stadt als meinen Heimathafen.

Wir hatten unsere Flasche Rotwein geleert, sie fand wie ich, dass Rotwein gut zu türkischem Essen und Baklava passte. Der Kellner brachte unseren türkischen Kaffee und, was bizarr war, Fortune Cookies. Kunden mögen sie, erklärte er. Meines sagte: Lächle, und der Schmerz wird vergehen.

Und Ihres?

Sie lächelte: Das werden Sie schon herausfinden.

Ich bat um die Rechnung.

Hugo, sagte sie, möchten Sie noch auf einen Drink mit heraufkommen? Ich wohne gleich um die Ecke.

Sobald die Wohnungstür hinter uns zufiel, rissen wir uns gegenseitig die Kleider vom Leib. Sie hatte einen Mund von unglaublicher Tiefe, kleine, vollkommene Brüste, und als ich meine Hand auf ihre Schamlippen legte, spürte ich, dass sie überflossen. In ihr Schlafzimmer ging man durchs Wohnzimmer. Ich hob sie hoch und trug sie zu ihrem Bett, aber bevor ich in sie eindrang, forderte ich von ihr – nein, erwies sie mir freiwillig – Dienste, die erst nach langer Intimität fällig gewesen wären. Als ich dann eindrang, schrie sie. Ich merkte, dass sie die Gabe für prompte und wiederholte Orgasmen hatte.

Um fünf Uhr morgens taumelte ich heimwärts. Für halb acht war eine Redaktionskonferenz angesetzt, und ich musste mich rasieren, ein Bad nehmen und mich umziehen. Die Konferenz war kurz nach zehn zu Ende, und ich rief Jeanne an. Zu meiner großen Erleichterung ging sie ans Telefon.

Jeanne, ich weiß nicht, wie ich mich entschuldigen soll, ich hab dich überfallen wie ein betrunkener Rowdy. Sowas hab ich noch nie gemacht. Bitte verzeih mir. Ich würde es gut verstehen, wenn du mich nie mehr sehen wolltest.

Tu es fou, du spinnst, sagte sie. Ich möchte mit dir zusammen sein, ich will dich jede Nacht in mir haben, die ganze Zeit.

VII

Was lief verkehrt?

Mit dem Sex ging es weiter. Er wurde unsere Hauptbeschäftigung. Sie verbrachte alle Nächte in meiner Wohnung, kam nach ihrer Arbeit – sie hatte im Saint-Laurent-Haus ein Büro – mit einer winzigen Reisetasche, die sie ihr *baise en ville*, für den Fick außer Haus, nannte –, nahm ein Bad, egal, ob ich schon nach Hause gekommen war oder nicht, und wenn ich noch nicht da war, wartete sie im Bett auf mich. Irgendwann am Tag fand sie Zeit, kurz in ihre Wohnung zu gehen und die Reisetasche mit frischen Sachen zu füllen. Sie wusste immer neue Wege, sich darzubieten, manche davon jenseits meines Repertoires. Ich fragte sie, wo, wie und von wem sie sie gelernt habe. Aus Büchern, sagte sie, aus Büchern. Während der Orgasmen versicherte sie mir, ich sei der beste Liebhaber, den sie je gehabt habe, keiner sei wie ich. Die Übertreibung machte mich merkwürdig befangen. Ich war ein junger Mann von ausgezeichneter Gesundheit und physischer Kondition. Erektionen stellten sich schnell ein. Nach der ersten Erregung und der ersten Ejakulation wurde meine Standfestigkeit gut und war in anschließenden Übungen durchaus zweckdienlich, aber keine Frau, mit der ich bis jetzt geschlafen hatte, war so voll ausdrücklicher Begeisterung gewesen, auch solche nicht, die mich lange genug für einen Vergleich kannten.

Natürlich kochten wir uns nichts. Wir gingen zum Dinner aus, ins Gino's, eines meiner Favoriten, ein italienisches Restaurant, das es nicht mehr gibt, ins Veau d'Or, das überlebt hat, in Jeannes türkisches Restaurant und nur selten zu Elaine's. Ich merkte, dass ich keine große Lust hatte, sie vielen meiner Freunde vorzustellen. Die Gründe dafür waren mir damals undurchsichtig und sind es auch heute noch. Mit Sicherheit schämte ich mich ihrer nicht – warum auch? Sie war so hübsch und so auffallend gut angezogen. Ein Grund war wahrscheinlich, dass sie sich so offenkundig, meiner Meinung nach unnötig, als meine ständige Freundin aufführte, so betonte, dass sie praktisch mit mir lebte. Ich behielt mein Privatleben gern für mich und schätzte Improvisationen. So war ich nicht erfreut, eines Nachmittags, als ich nach Hause gekommen war, bevor sie eintraf, unter einem Stapel Handtücher ihr Pessar und Gleitmittel zu entdecken. Das war mir zu viel Häuslichkeit und Besitzergreifen. Ihre Zahnbürste, Zahnpasta und Haarbürste über dem Waschbecken reichten mir schon.

Wie gesagt, sie war sehr gut angezogen, aber ihre Wirkung auf andere war manchmal irritierend. Eines Montags nahm ich sie mit zu einer Aufführung von *L'elisir d'amore*, einer Oper, die sie, was mich überraschte, in Paris noch nie gesehen hatte. Ich hatte vergessen, dass meine Eltern seit unvordenklichen Zeiten ein Opern-Abonnement für montags, und somit auch für diesen Abend besaßen. Hätte ich daran gedacht, hätte ich einen anderen Abend ausgesucht. Jeanne wollte meine Eltern gern kennenlernen, aber ich zögerte, sie ihnen vorzustellen. Was hätte ich meiner Mutter gesagt, wenn sie mir am Telefon ein, zwei pointierte Fragen über diese sehr charmante junge Frau gestellt hätte? Aber das Kind war schon in den Brunnen gefallen, dort im Grand Tier Restaurant saßen meine Eltern an einem Tisch ganz in unserer Nähe, und kein Entkommen war möglich. Damals galt es noch als großer Coup für junge Frauen, keinen BH zu tragen; Jeanne trug keinen und brauchte auch keinen, und ich begrüßte das sehr. Ich liebte die ständige Verfügbarkeit ihrer Brüste. Es war auch die Zeit der durchsichtigen Oberteile. Jeanne trug ein weißes Teil, zusammen mit ihren sehr schönen schwarzseidenen Saint-Laurent-Hosen, und zu meinem Entsetzen fiel mir ein, dass sie ihre Nippel mit ein wenig Lippenstift geschminkt hatte. Sie sah hinreißend aus, und meine Eltern blickten ihr tapfer nur ins Gesicht. Wir plauderten nett, und ich weiß nicht, ob Jeanne die seltsame Lähmung bemerkte, die die beiden befallen hatte. Immer, wenn später das Thema einer zweiten Begegnung mit ihnen aufkam, fand ich schleunigst eine Ausrede. Ich wollte nicht, dass Mutter mich fragte: Meinst du diese nette barbusige junge Frau? Und ich wollte nicht erklären, dass meine ausgesucht höflichen Eltern sich hinter einer Palisade aus ungeschriebenen Regeln und Vorurteilen verbarrikadiert hatten.

Noch hatte Jeanne nicht von ihrem Wunsch angefangen, dass sie Kinder mit mir haben wollte. Das kam erst später, aber ihr Verlangen, Teil meines Lebens zu werden, ließ sich nicht unterdrücken. Dass sie meine Eltern und meine Freunde kennenlernen, mich die zwei, drei Male, die ich während der Monate in New York übers

Wochenende wegfuhr, begleiten wollte, das waren Wünsche, die mir dauernd und unbehaglich bewusst waren. Ich hätte sie auch gern nach Bridgehampton mitgenommen, aber ich besuchte dort meine Tante Hester und ihren Mann, und hätte ich gefragt, ob ich Jeanne mitbringen dürfe, hätten sie sofort wissen wollen, welcher Art unsere Beziehung war, und jede meiner Auskünfte wäre sofort meiner Mutter weitergegeben worden und hätte zu Querschlägern von einer Art geführt, die ich unbedingt vermeiden wollte. Mein anderer Ausflug ging nach Syosset an der Nordküste von Long Island, wo meine Eltern ihr Wochenenddomizil hatten. Dass ich sie dorthin mitnahm, kam nicht in Frage. Vielleicht hätten wir, wenn mehr Zeit in der City gewesen wäre, einen *modus operandi* gefunden, der mir genügte. Dass sie bereit war, sich mit meinen Manien – wie sie gelegentlich sagte – abzufinden, war reichlich offenkundig. Und vielleicht hätten wir miteinander gebrochen. Meine unerwartete Beförderung löste das Problem. Man hatte mich nämlich in die City zurückgerufen, damit der Herausgeber einen zweiten Blick auf mich werfen konnte. Ich bestand die Prüfung, wurde zum Leiter des Pariser Büros ernannt und zog innerhalb der folgenden zehn Tage nach Paris um. Jeanne sagte: Nimm mich über ein langes Wochenende mit. Die Erinnerung daran wird mich über unsere Trennung hinwegtrösten. Natürlich willigte ich ein.

Ich war über die Beförderung erstaunt und unglaublich stolz und glücklich. Paris! Die Stadt, die ich lieben gelernt hatte, als ich dort Ferien mit meinen Eltern machte, und die ich während meiner Dienstzeit sehr gut kennengelernt hatte. Und ich war dort als Chef des Pariser

Büros des besten Nachrichtenmagazins der Welt, der jüngste in der Geschichte dieser Zeitschrift. Viel überheblicher als ohnehin schon wurde ich wohl nicht, aber verzehrt von Leidenschaft für meine Arbeit und wild entschlossen, die Erwartungen meiner Vorgesetzten und aller Welt noch zu übertreffen. Die wenigen Stunden in der Woche, die ich nicht im Büro oder in Pressekonferenzen im Élysée-Palast, bei Interviews mit Politikern oder beim Squashspielen auf den Plätzen in der Rue Lauriston verbrachte, nutzte ich, um meine vom Büro zu Fuß erreichbare kleine Mietwohnung an der Rue Marbeuf einzurichten. Ohne Übertreibung kann ich sagen, dass ich Jeanne überhaupt nicht vermisste, und zwar nicht deshalb, weil ich einen Ersatz für den Sex mit ihr gefunden hätte. Weit gefehlt, ich war nur nicht ausgegangen – im altmodischen Wortsinn, das heißt, seit ich in Paris angekommen war, hatte ich keine Frau ins Kino, zu Drinks oder zum Dinner ausgeführt. Im Büro der *Time* arbeiteten ein paar attraktive Frauen. Welche Strategie die Firma verfolgte, oder ob sie überhaupt eine hatte, weiß ich nicht, aber ich lehnte entschieden alles ab, was einer Romanze mit Mitarbeitern ähnlich sah, eine Ablehnung, die, wenn ich mich recht erinnere, auch die Kolleginnen von *Newsweek* einschloss, da sie, so meine Theorie, unsere unmittelbaren Konkurrenten waren. Nein, ich dachte einfach nicht an Jeanne, deshalb fehlte sie mir nicht. Dass sie an mich dachte, sogar Kontakt zu mir hielt, hatte ich nicht vergessen. Vor meiner Abreise hatte ich ihr natürlich, wie versprochen, meine Büronummer gegeben und als ich endlich, nachdem ich viele Strippen gezogen hatte, erreichte, dass in meiner

Wohnung ein Telefonanschluss eingerichtet wurde, auch meine private Nummer. Sie rief häufig an, nur durch meine Arbeitszeiten und den Zeitunterschied zwischen New York und Paris eingeschränkt in ihrer Möglichkeit, mich zu erreichen, und an Sonntagen unterhielten wir uns ausgiebig. Sie hütete sich, vor neun Uhr morgens bei mir anzurufen, da ich nur an diesem einen Tag in der Woche länger als bis sechs Uhr schlafen konnte, aber Punkt neun klingelte das Telefon auf meinem Nachttisch, und ich hörte ihre Stimme. Im Lauf eines dieser endlosen Anrufe, die mich, ob ich wollte oder nicht, an die Höhe ihrer Telefonrechnung denken ließen, erzählte sie mir triumphierend, sie habe es geschafft: Saint Laurent habe ihr eine Stelle in der Pariser Presseabteilung angeboten. Eine Woge immenser Lust überrollte mich. Ich merkte, dass mich ein so heftiges und dringendes Verlangen nach ihr ergriff, wie ich es nie für möglich gehalten hätte. Bald zog sie in eine kleine Wohnung in der Rue de Penthièvre ein. Wir wohnten wieder nur ein paar Schritte voneinander entfernt und nahmen unsere New Yorker Routine mit einer nach meinem Gefühl noch größeren Intensität in unseren Liebesspielen wieder auf. Wir hatten neue Restaurants in unserem Repertoire, Lipp und Joséphine und Relais Plaza, dazu Fouquet's und Taillevent für besondere Gelegenheiten und die Bar des Théâtre in der Avenue Montaigne gegenüber vom Relais für sehr späte Mahlzeiten. Aber Jeanne war Spezialistin im Auffinden von kleinen Kneipen im *premier*, im *huitième* und in der Gegend hinter Notre-Dame de Lorette, die noch nicht in Mode waren.

Sie blieb nicht lange in der Presseabteilung von Saint

Laurent. Vielleicht fünf Monate nachdem sie wieder in Paris angekommen war, lud sie mich eines Abends zum Dinner ins Fouquet's ein, ich sollte sie dort treffen, sobald ich aus dem Büro käme. Bevor ich von dort aufbrach, solle ich sie jedoch in meiner Wohnung anrufen und ihr Bescheid sagen. Das war überraschend, weil es für uns üblich war, uns in der Wohnung zu treffen, ins Bett zu fallen und nach einem gemeinsamen Bad in meiner erstaunlich großen Wanne zum Dinner auszugehen. Sie wartete im Restaurant auf mich und hatte eine Flasche Champagner bestellt, die der Kellner brachte, sowie ich mich setzte.

Was ist der Anlass?, fragte ich. Das solltest du öfter machen.

Mach ich vielleicht. Rate, was passiert ist!

Du hast in *Le Figaro* die Falschmeldung untergebracht, dass Saint Laurent die Herbstgarderobe für Anne-Aymone Giscard entwirft!

Nein, ganz falsch! Man hat mir angeboten, für *Elle* Buchkritiken zu schreiben, und ich habe angenommen. Ob du's glaubst oder nicht!

Ich war begeistert und tief beeindruckt und sagte ihr das mit aller gebotenen Eloquenz. Sie hatte einen wahrhaft erstaunlichen Coup gelandet!

Sie nahm meine Hand, küsste sie und sagte, Hugo, ich möchte, dass du etwas für mich, für uns tust. Bitte, komm am Sonntag zum Mittagessen mit meinen Eltern. Wir essen in ihrem Haus auf dem Land. Es liegt außerhalb von Melun. Und bitte, mach kein solches Gesicht! Ich weiß, du hast nichts vor, du wolltest mit mir zum Vaux-le-Vicomte.

Das stimmte genau. Ich wollte ihr den Abend nicht verderben, indem ich sagte: »Eltern hab ich nicht im Programm« oder Ähnliches. Stattdessen versicherte ich ihr: sehr gern. Ich sei ihren Eltern nie begegnet, und ich sei nie in Melun gewesen. Zwei Fliegen mit einer Klappe!

Drei, sagte sie. Danach können wir einen langen Spaziergang im Wald von Fontainebleau machen.

Das Haus der Eltern, eine hässliche voluminöse Angelegenheit aus dem späten neunzehnten Jahrhundert, stand in einem wirklich schönen Garten, eigentlich einem kleinen Park.

Es sieht scheußlich aus, ist aber sehr komfortabel, hatte Jeanne mir warnend gesagt. Nach dem Kauf hat Vater wirklich gute Badezimmer, eine moderne Küche und eine Zentralheizung einbauen lassen. Und egal, wie viele Leute ein Bad nehmen, warmes Wasser ist immer da.

Noch eine Warnung ließ sie mir zukommen: Mutter ist sehr religiös. Aktiv in der örtlichen Gemeinde, auch wenn sie nur an Wochenenden da sind. Jeden Sonntag kommt ein Priester zum Mittagessen. Manchmal sogar zwei oder drei. Ihre ganze Familie stammt eben von dort.

Dazu passe ich genau, lachte ich. Mein Urgroßvater war der Bischof der Episkopalkirche von Maine, und mein Urgroßonkel Phillips Brooks war der Episkopalbischof von Massachusetts! In meinen Adern fließt Klerikerblut.

Diese Kerle sind anders, sagte sie sehr ernst.

Allerdings. Drei lustige Patres wie aus einer Daumier-Karikatur, sie platzten fast aus ihren Soutanen, hatten die Servietten in ihre Priesterkragen geklemmt und rückten der Lammkeule, den Bohnen und dem Kartoffelgratin zu Leibe. Alle Bibelverse, die sie zitiert, die Predigt, die sie gehalten hatten, worüber auch immer, alles hatten sie auf der Kanzel gelassen. Bis zur französischen Präsidentschaftswahl waren es noch zwei Jahre, aber ihre Aufmerksamkeit war auf die wahrscheinliche – die sichere, meinte der fetteste Patre – Kampfansage Jacques Chiracs an Valéry Giscard d'Estaing konzentriert. Jeannes Mutter hielt das für den Gipfel der Undankbarkeit. War Chirac nicht Giscards Premierminister gewesen? Sie wurde niedergeschrien, Jeannes Vater schlug sich auf die Seite der Priester. Giscard habe linke Tendenzen, man denke nur an seine Abmachungen mit den Sowjets, Frankreich und die Kirche dagegen brauchten einen Rechten am Ruder, einen Mann mit starken Prinzipien und einem eisernen Willen. Für Chirac würden sie beten. Ich war dankbar für diesen unverhofften Einblick in die Zwietracht, die die französische Gesellschaft spaltete. Wie tief sie ging und vor allem, welche Rolle die Kirche dabei spielte, das waren Themen, denen ich mehr Aufmerksamkeit widmen musste. Aber womöglich zum Schaden meiner Beobachtung der französischen Politik fesselte damals ein anderes Thema meine Aufmerksamkeit, obwohl es außerhalb meines Verantwortungsbereichs lag, nämlich der Sturm, der sich seit ein paar Monaten, seit dem Sturz Reza Pahlavis, des persischen Schahs, im Iran zusammenbraute. Insgeheim suchte ich nach einem Grund, mit dem ich meinen Chefs in New York plausibel machen konnte, dass meine Kenntnisse mich konkurrenzlos zum Berichterstatter über den Iran qualifizierten, selbst wenn die Notwendigkeit, in Teheran oder Istanbul oder Ankara zu sein, mich zwingen würde, Paris vorübergehend zu verlassen. Unterdessen dauerte die Diskussion über Giscard und Chirac an und schwenkte zum Privatleben der beiden. Giscard ist ein *chaud lapin*, ein geiler Bock, gab Jeannes Vater zum Besten. Die Mutter stimmte ein: Wie Anne-Aymone das hinnimmt, versteht man nicht. Einer der Patres meinte, ein solches Benehmen entsetze die Christengemeinde und werfe ein schlechtes Licht auf das Amt des Präsidenten. Das Thema erwies sich als ergiebig, aber die Unterhaltung bewegte sich weiter, zu seinem ehemaligen Premierminister. Wenn man schon von geil redet, das gilt auch für Chirac, auch für Chirac!, rief ein Patre. Pater Grosmonde von Saint-Thomas-d'Aquin, zu dessen Gemeinde er gehört, erzählte mir, dass Chirac immer mit seinem Hund die Rue du Bac und den Quai auf und ab läuft, nur um Mädchen aufzugabeln. Ein Hund ist ein feiner Köder. Aber er und der Hund müssen nach Hause kommen. Bernadette – das war Madame Chirac – hält Jacques an der kurzen Leine! Das Bonmot brachte alle sehr zum Lachen, aber ich schaltete ab. Diese Menschen waren unerträglich langweilig. Das Essen zog sich hin. Brie de Meaux – Jeannes Vater kannte den Hersteller, er kaufte den Käse direkt an der Quelle. Wir verglichen ihn mit dem Brie de Melun, den tatsächlich der Vetter der Mutter machte. Der Brie de Melun gewann, Gabeln runter. Ich fragte mich, wie ich bis nach dem Dessert durchhalten sollte.

Ich hatte nicht recht gewusst, was von Jeannes Mutter, Vater und Bruder zu erwarten war, und hatte keinen Versuch mehr gemacht, mir ihr Auftreten vorzustellen. Ein Mann, der sein Geld mit dem Vertrieb von Autoersatzteilen und mit Schmalspur-Immobilienhandel gemacht hatte? Der sich zu Wohlstand hochgearbeitet hatte, die Wohnung in der Avenue de Wagram, die ich weder gesehen hatte noch sehen wollte, und ein Haus irgendwo in der Nähe von Melun besaß? Würde der Vater im schwarzen Sonntagsanzug an der Stirnseite der Tafel thronen? Mit einem zweireihigen Jackett? Oder würde er das Jackett ablegen und in Hemdsärmeln, mit billigen schwarzen Hosenträgern bei Tisch sitzen? Würde die Mutter aussehen wie das Stereotyp einer Kassiererin, schwarzes Taftkleid, das glänzende schwarze Haar zu einem straffen Knoten zusammengedreht? Die Gardners und Choates hatten ihren schnöseligen Spross fest im Griff. Aber mit dem Stil ihrer Bekleidung wären Jeannes Vater und Mutter bei einem Familienlunch in Syosset nicht aus dem Rahmen gefallen! Der Vater trug dunkelbraune Cordhosen, ein englisch aussehendes kariertes Hemd, dessen Kragen aus dem runden Ausschnitt eines roten Pullovers heraussah, elegante Wanderschuhe. Die Mutter hatte einen Faltenrock an, eine grüne Strickjacke und Budapester. Der kleine Bruder kam in Jeans. Und alle drei waren blond! Wie konnte es auch anders sein? Woher sonst hätte Jeanne ihre Haarfarbe haben sollen?

Ich überstand das Essen und hinterließ einen guten Eindruck, glaube ich – *l'Amerloque*, der Yankee, spricht so gut Französisch und so weiter, Jeanne wirkt so glücklich –, aber dieser Besuch oder vielleicht auch Jeannes Berufswechsel markierte einen Wandel in unserer Beziehung. Bis dahin hatten wir in der Hauptsache – und ohne Rangordnung – über Kleider geredet oder Gerichte, die uns besonders in den Restaurants schmeckten, in die wir gern gingen oder gehen wollten, über Filme, die sie gern gesehen hätte, und über ihren Wunsch, mehr in mein Leben eingelassen zu werden. Über Politik hatten wir uns nicht viel unterhalten, genau genommen, fast gar nicht. Ich vermute, sie dachte, da meine Arbeit sich um politische Themen drehte, würde ich die Politik nach Feierabend gern im Büro zurücklassen. Die relativ langweilige Phase von Jimmy Carters drittem Jahr im Amt mag dazu beigetragen haben. Sie meinte, für einen Präsidenten gehöre es sich nicht, seine Reisetasche selbst zu tragen und im Fernsehen mit Strickjacke aufzutreten. Undenkbar im französischen Leben. Jetzt war sie zum ersten Mal eng mit ihren Kollegen verbunden, jungen gleichaltrigen oder wenig älteren Journalisten, lebendigen, attraktiven Menschen, und damit begann der Kummer, denn sie wollte, dass ich mich ihrer *bande,* ihrer Gang, anschloss. Als überlegener Reporter mit weitreichender Berufserfahrung und gar als Leiter des Pariser Büros der *Time* hätte ich doch so viel beizutragen! Das Problem war, dass ich ihre Kollegen zwar charmant und intelligent und einige Kolleginnen auch hübsch fand, aber sie interessierten mich nicht. Nach einer Viertelstunde fing ihr Geschwätz an, mich zu langweilen. Die Partys, die sie in der einen oder anderen Wohnung mit *gros rouge* und schottischem Whiskey, weil manche der jungen Männer harte Alkoholika mochten, mit Baguette, Räucherwurst, Pâté de campagne und dem ewigen Brie improvisierten, fand ich nicht reizvoll. Die Bücher, die Jeanne rezensierte – sie schrieb kurze Glossen –, gehörten fast alle zu dem Genre, das jetzt *Chick lit* heißt, Unterhaltungsliteratur für »Mädels«. Dass ich diese Romane lesen würde, erwartete sie nicht im Ernst, aber sie beschrieb mir die Handlung, die Entwicklung der Romanfiguren, die Schauplätze, und sie wollte wissen, was ich von ihren Glossen hielt. Ich tat mein Möglichstes, indem ich sie befragte, versuchte, ihre Schlussfolgerung zu überprüfen, manchmal straffte ich ihren Text, aber nichts davon fand ich befriedigend.

Meine Aufmerksamkeit war auf den Iran konzentriert. Ich hatte es geschafft, mir im Sommer einen Spezialauftrag für Teheran zu organisieren, und konnte berichten, dass die antiamerikanische Stimmung sich im Land mit unverminderter Heftigkeit hielt, auch nachdem die Regierung Carter entschieden hatte, die militärische Unterstützung fortzusetzen, und andere Gesten der Versöhnung versucht hatte, um den Fauxpas des Präsidenten auszugleichen, der in seinem Neujahrsgruß an den Schah behauptet hatte, der Schah sei bei seinem Volk beliebt; ich konnte vermelden, dass die iranische Oberschicht und wer immer es sich leisten konnte, den Exodus aus dem Iran mit allen legalen und illegalen Mitteln betrieb. Die US-Botschaft wurde belagert, aber noch nicht besetzt. Der Schah floh nach Ägypten. Einige dieser Ereignisse erlebte ich in Teheran mit. Hintergrundinformationen sammelte ich in Ankara und Istanbul. Im Oktober dann trat Henry Kissinger, der in meiner Galerie der Scharlatane und Spitzbuben einen prominenten Platz einnimmt, in Aktion; er tat sich mit David Rockefeller zusammen, dem damaligen Vorsitzenden des Council of Foreign Relations. David, der seinem Freund Henry treu ergeben war, kugelte dem State Department den Arm aus, verdrängte alle anderen in Carters Stab, die entschieden gegen seinen Schachzug waren, und sorgte dafür, dass der Schah zur Behandlung seines Lymphoms in die USA einreisen durfte – ein kolossaler Fehler. Im November besetzten islamistische Studenten die US-Botschaft, und für die Botschaftsangehörigen und die dort stationierten Marines begann eine Gefangenschaft, die vierhundertvierundvierzig Tage dauern sollte. Ich sah voraus, welche Veränderung in der geopolitischen Landkarte des Mittleren Ostens dies zur Folge haben würde, und ahnte einige der kurz- und langfristigen Konsequenzen. Aber es war Zeit, mich auf meinen Pariser Job und die Präsidentschaftswahl in Frankreich zu besinnen, die dem Land seinen ersten sozialistischen Präsidenten nach gut vierzig Jahren rechtskonservativer Regierung einbrachte.

Wie gesagt, ich war sehr beschäftigt. Das Büro arbeitete zu meiner und New Yorks Zufriedenheit. Was lief schief? Unverblümt gesagt, irritierten und langweilten mich Jeannes Freunde, die anscheinend immer mehr wurden, und ich fand keine Möglichkeit, sie von ihrer Bande zu trennen außer nachts, wenn wir endlich im Bett waren und sie sich mit unverminderter Begeisterung und Erfindungsgabe auf mich einließ. Aber selbst im Bett war nicht alles gut. Ich merkte es, und ihr kann es nicht verborgen geblieben sein. Ich nahm sie nicht mehr liebevoll. Damit meine ich nicht das brutale Verhalten, dessen ich mich anfangs bezichtigt hatte. Ich wusste, dass ihr das recht war. Sie hätte es nicht anders haben wollen. Ich meine etwas Subtileres und viel Unschöneres. Egal, ob ich in ihr oder in ihrem Mund war, ich war nicht darauf aus, ihr Lust zu verschaffen oder auch nur selbst Lust zu empfinden. Ich attackierte sie. Ich schämte mich, schämte mich, ihr beim Frühstück ins Gesicht zu sehen. Zwei Wochen bevor die US-Botschaft gestürmt wurde, meinte ich, ein Friedensangebot gefunden zu haben. Ich nahm Jeanne mit zu einem Wochenende in Madrid. Da war sie noch nie gewesen, und als ich ihr sagte, dass wir fahren würden, fiel sie mir um den Hals und überschüttete mich mit Küssen. Wir wohnten im Ritz, lernten die Ritz-Rezepte für Sangria und Gazpacho und verbrachten den ganzen Tag, von Lunchpausen abgesehen, im Prado. Aber meine Attacken auf Jeannes Körper wurden heftiger. Nicht dass ich sie je geschlagen oder ihr andere im Handbuch eines bürgerlichen Sadomasochismus verzeichnete physische Quälereien zugefügt hätte. Es blieb ganz und gar bei den üblichen Gesten, bei der Art, wie jede dieser Gesten ihren Körper malträtierte. Als wir auf dem Weg zum Flugplatz waren, sagte sie: Was du mit mir machst, ist keine Liebe mehr, Hugo. Du zeigst mir damit, dass du dir wünschst, ich wäre nicht da.

Zu dem Zeitpunkt war Valerie, die »Frau, die man verlor«, schon auf den Plan getreten. In aller Unschuld, sicher, aber sie war da. Mein Hauptkonkurrent in Paris, ein alter Freund, der Chef des Büros von *Newsweek*, sagte mir, er kenne ein süßes und sehr intelligentes Mädchen, das versuche, in Paris Fuß zu fassen, aber bis jetzt vergeblich. In London habe sie einen Job gehabt und verloren. Sie würde wirklich sehr gern in Paris sein. Sei ganz wild auf französische Kultur und die Franzosen.

Ob ich mal mit ihm und ihr zum Lunch gehen und überlegen würde, wie ihr zu helfen sei? Sie war tatsächlich süß und klug, ein paar Jahre jünger als Jeanne, schätzte ich, und wirklich auffallend hübsch, in der Art von Audrey Hepburn, für die Männer meiner Generation unweigerlich eine Schwäche hatten. Was soll's. Um meinem Freund zu helfen und weil ich ein gutes Herz hatte – redete ich mir ein –, erinnerte ich ein paar Leute bei der *Herald Tribune* in Paris und New York daran, dass ich bei ihnen noch etwas guthatte, ebnete ihr den Weg zu einem Job im Kulturteil, einem untergeordneten zwar, aber immerhin einem Job in der Kulturredaktion einer großen Zeitung, dem unentbehrlichen Begleiter von Amerikanern, die im Ausland reisten oder lebten, und gab ihr Starthilfe für ihre Karriere und ihren jetzigen Ruhm als Fernsehexpertin für Kulinarisches. Sie war, wie gesagt, sehr gescheit. Ihr entging nicht, wie viel ich für sie getan hatte. Sie lud mich zum Dinner ein. Ich erklärte ihr, das bringe mich in Verlegenheit, und ein Drink wäre mir lieber. *Cinq Roo Daunou*, sagte das gute Kind, weil es dachte, Harrys Bar, der sagenumwobene Ort, an dem sich in den Goldenen Zwanzigern amerikanische Autoren zu Tode getrunken hatten, würde mir gefallen. Ich nickte freundlich, wir tranken Martinis, und ich begleitete sie nach Hause in ein bürgerliches Gebäude in der Nachbarschaft, in dem sie eine Dienstmädchenkammer gemietet hatte. An der Tür bot sie mir ihre Lippen, und nachdem wir uns umarmt hatten, die Münder keusch geschlossen, sagte sie, sie hoffe, mich wiederzusehen.

Sie sah mich wieder. Ich konnte und wollte ihrem

amerikanischen Sex-Appeal – nur so kann ich ihre Attraktivität bezeichnen – nicht widerstehen. Ziemlich bald erklärte ich ihr, dass wir uns abends nicht treffen könnten, dass Lunch viel besser sei, mit anschließendem Aufenthalt in ihrer Dienstmädchenkammer, wo wir uns auf langes intensives Necking beschränkten, ungefähr so wie damals im *Eliot House* bis sie schließlich zustimmte, bis zum Ende zu gehen. Als sie es dann tat, war es in gewisser Weise das Gegenteil von Jeannes Hingabe. Bei Valerie musste ich Zentimeter für Zentimeter Boden gewinnen. Aber sie behauptete, es gefalle ihr. Sie hätte vielleicht ungefähr Folgendes sagen können: Diese Französin hat dir aber wirklich gezeigt, wo's langgeht, hör nicht auf, ich will mehr davon. *Dixit.* Sagte sie. *Sed mulier cupido quod dicit amanti/In vento et rapida scribere aqua.* Stimmt: Was eine Frau ihrem feurigen Liebhaber sagt, muss man in den Wind schreiben und in schnell fließendes Wasser. Ja, mittlerweile wusste sie von Jeanne. Dass ich praktisch mit ihr zusammenlebte. Meistens meinte sie lachend: Du bist deiner Mademoiselle untreu! Manchmal mahnte sie: Wirklich, Hugo, das ist unfair. Wenn du mich so gern hast, wie du behauptest, musst du es ihr sagen.

Damit hatte ich allerhand Probleme, obwohl ich ihr zustimmte, dass ich mich unfair verhielt, und meine nachmittäglichen Übungen mit Valerie mich im Büro allmählich in Schwierigkeiten brachten. Aber ich muss mit Beschämung zugeben, dass ich den Sex mit beiden goutierte oder, genauer, dass ich den Sex mit Jeanne mehr genoss, aber mein Mädchen mit dem Gütesiegel »made in USA« brauchte. Und mein Benehmen mit Jeanne im

Bett wurde nicht besser, es verschlimmerte sich sogar noch. Dieses dornige *vie en rose* konnte nur auf eine Art enden. Eines Nachmittags, nachdem sie von sich aus etwas mit mir gemacht hatte, was sie noch nie getan habe, wie sie mir versicherte, machte Valerie mir einen Heiratsantrag. Bevor die Zeremonie in der *mairie* des *huitième* stattfinden konnte, musste allerhand bürokratischer Ballast aus dem Weg geräumt werden. Anschließend gab es ein Hochzeitsessen im Laurent-Haus, zwischen der Avenue Gabriel und den Champs-Élysées. Henry Grunwald persönlich, mein oberster Chef in New York, nahm teil. Als Jeanne erfuhr, was ich tat, schlug sie mir ins Gesicht und nannte mich *beau salaud*, einen Mistkerl.

Ich beendete mein einsames Mahl im Lipp. Es kam mir so vor, als hätte ich ewig am Tisch gesessen. Noch waren ein paar Essensgäste übrig. Statt um die Rechnung zu bitten, bestellte ich mir einen *poire.* Eine nostalgische Reise offensichtlich. Einen *alcool blanc* hatte ich seit meiner Zeit mit Jeanne nicht mehr getrunken. Monsieur Gilles persönlich brachte ihn mir und sagte, es sei eine besondere Flasche, ich würde den Inhalt genießen. Ich lud ihn ein, sich zu mir zu setzen und einen Birnenschnaps mit mir zu trinken, aber mir war klar, dass er ablehnen musste. Kaputt, vollkommen kaputt, so fühlte ich mich. Ich trank noch einen zweiten *poire*, zahlte und wankte zurück ins Hotel.

Ich hatte gerade noch genug Energie, genug Pep, wie meine Mutter vielleicht gesagt hätte, um die Auskunft anzurufen und nach der Telefonnummer von Jacques

Legrand unter der letzten Adresse, die ich hatte, zu fragen. Die Nummer war unterdrückt. Es gab einen Teilnehmer unter der von mir angegebenen Adresse, aber er hatte die Telefonnummer nicht eintragen lassen. Dann ging ich ins Internet und fand eine Reihe Daten. Nachrufe auf Jacques' Mutter und Schwiegermutter und mehrere Einträge, die das Haus in Les Angles, in der Nähe von Avignon, zur Miete als Sommerquartier anboten; ich war mir sicher, dass er dieses Haus schon vor Jahren verkauft hatte. Und das war alles.

Ich zog mich aus und machte mich bettfertig. Als ich schon das Licht löschen wollte, fiel mir etwas ein. Vielleicht hatte ich noch die E-Mail-Adresse seiner Tochter, einer Kinderärztin, die irgendwo in Afrika für Ärzte ohne Grenzen arbeitete. Ich durchsuchte die Kontaktliste auf meinem Laptop. Da war sie. Ich schrieb ihr mit der Bitte um Adresse und Telefonnummer ihrer Eltern.

VIII

Als ich am nächsten Morgen anrief, ging Jacques' Frau Lucie ans Telefon.

Bist du das wirklich, Hugo, bist du in Paris, kommst du übers Wochenende zu uns?!, rief sie in einem Ausbruch von Begeisterung, von dem ich nur hoffen konnte, er sei nicht vorgetäuscht. Jacques wird *fou de joie*, so voller Freude sein! Wenn du jetzt gleich zum Gare Saint-Lazare gehst, kannst du einen Zug nach Bayeux erwischen und rechtzeitig zum Lunch hier sein. Oder nimm einen späteren Zug und komm zum Dinner. Oder nimm einen Zug nach Caen. Wir holen dich in jedem Fall am Bahnhof ab. Jacques ist nicht ans Telefon gekommen, weil er zum Angeln mit dem Boot draußen ist. Aber er kommt bald nach Hause. In der nächsten Stunde. Kann er dich zurückrufen?

Als ich aufhörte zu lachen, sagte ich, ganz bestimmt würde ich sie besuchen, aber vor Samstag könne ich nicht abreisen, da ich an einer Konferenz an der Sciences Po teilnähme, ich würde immer noch möglichst vermeiden, relativ kurze Strecken mit der Bahn zu fahren, und in Bayeux sei ich schon gewesen. Wegen der Teppiche, der Kirchhöfe und aus anderen Gründen, die ich vergessen hätte. Ich würde am nächsten Morgen ein Auto mieten und, wenn es ihr recht wäre, zu einem späten Lunch da sein. Und bis Sonntagnachmittag bleiben. Aber was macht ihr in Bayeux?

Wir haben Les Angles verkauft. Das weißt du bestimmt. Als Jacques' Mutter gestorben war, hatten wir eigentlich keinen Grund mehr, dort zu bleiben. Zwei seiner Onkel leben immer noch da – in zwei verschiedenen Pflegeheimen. Ganz und gar weggetreten. Mittlerweile sind die Preise für alles in der Umgebung von Avignon in astronomische Höhen gestiegen, und wir haben das Haus für ein Vermögen verkauft, an Brasilianer, denen anscheinend nicht klar oder ganz egal war, wie viel sie bezahlten. Dann haben wir hin und her überlegt, wohin wir ziehen sollen, und ich habe gesagt: warum nicht nach Bayeux? Vielleicht hast du es vergessen, aber Jacques war dort vor Jahren *sous-préfet*, und wir haben immer noch Verbindungen zu der Gegend und Freunde, die nicht gestorben sind – noch nicht. Jacques hat die Idee sehr gut gefunden, und wir konnten ein charmantes kleines Haus in der Altstadt kaufen. Du wirst sehen. Wir können überallhin zu Fuß gehen, wir haben keinen großen Garten und keinen Pool, um die wir uns kümmern müssten, und wir sind ganz glücklich.

Und Paris? Ich war ehrlich erstaunt.

Haben wir auch verkauft, letztes Frühjahr.

Lieber Himmel!, sagte ich und schaute auf die Uhr. Morgen möchte ich alles ganz genau erfahren, aber jetzt muss ich zu meiner Konferenz. Gib mir eure genaue Adresse und erwarte mich morgen, spätestens um zwei!

Wahrscheinlich gab es Autoverleihe näher am Hotel, aber weil es sich anfühlte wie in alten Zeiten, reservierte ich einen Mietwagen in dem Verleih am Boulevard Raspail, dessen Kunde ich immer gewesen war, holte ein

Auto ab, das schicker war als mein Volvo, merkte, dass ich immer noch im Verkehr auf der *périphérique* manövrieren konnte, und fädelte mich auf die A13 nach Westen ein. Französische Autofahrer waren mir schon immer sympathisch gewesen. Sie sind etwas verrückt und, wenn sie betrunken sind, gefährlich, aber auf der Überholspur fahren sie nur, wenn sie überholen wollen. Ich fand einen Sender, der Jazz von früher spielte, und dachte an bessere Zeiten zurück. Um Viertel vor zwei stand ich mit der Hilfe von GPS vor Jacques' Tür. Das Haus war eng und sehr schön, die Fassade überaus gepflegt. Als er die Tür öffnete, fielen wir einander in die Arme. Die Tiefgarage war ein paar Blocks entfernt. Ich fuhr mit Jacques hin, nahm aber sein Angebot dankbar an, das Steuer zu übernehmen und den BMW für mich zu parken. Vor diesen Kellern habe ich ein Grauen, das ich nur schwer überwinden kann.

Wir alle verändern uns. Wir bemerken den irreparablen Schaden, den das Altern selbst den Gesichtern und Körpern unserer Lieben antut, die wir jeden Tag sehen. Vergeht Zeit zwischen einzelnen Begegnungen – Wochen, Monate oder gar Jahre –, kann es sein, dass wir entsetzt sind. Lucie und Jacques hatte ich seit 2012 oder 2013 nicht mehr gesehen und mir lieber nicht vorstellen wollen, was die Zeit ihnen angetan haben mochte. Aber sie waren fast unverändert, die einst sehr blonde Lucie vielleicht ein wenig grauhaariger, Jacques' Haar eine Spur schütterer, beide etwas fülliger, aber da war ich mir nicht sicher, am Ende lag es nur an der ländlichen Kleidung, Lucies Gesicht womöglich ein bisschen farbloser, weil sie keinen Lippenstift aufgetragen hatte, Jacques' nicht so glatt rasiert wie in der Zeit, als er der Stabschef dieses oder jenes Ministers war. Aber als Jacques mit seiner klangvollen Baritonstimme rief: Wurde auch wahrhaftig langsam Zeit, dass du mal nach uns siehst –, empfanden wir wie eh und je überströmende Zuneigung füreinander. Auch das Innere des Hauses war beruhigend vertraut, das Mobiliar kannte ich noch aus Jacques' und dann aus Jacques' und Lucies Wohnungen in Paris, aus ihrem Haus in Les Angles und dem Haus seiner Mutter in Villeneuve. Anspannung, Traurigkeit und Bedauern fielen von mir ab. Ich sagte zu Lucie, sie würden mich verzaubern.

Du hättest nicht so lange wegbleiben sollen, sagte sie. Und warum hast du Valerie nicht mitgebracht?

Es musste sein. Ich erzählte ihnen von meiner Verblüffung, als sie mir durch den verdrehten irischen Anwalt mitteilen ließ, sie verlasse mich, erzählte von dem Eilmarsch in die Scheidung und von dem Schwebezustand, in dem ich seither lebte, zwischen City und Bridgehampton pendelnd, beschrieb, wie ich mich irgendwie zum Ende meines Bush/Cheney-Buches durchschlug. Sie reagierten mit genau der heftigen Empörung, die zu erwarten war. Jacques unterbrach meinen Redeschwall, um zu sagen: Dein Buch über Clinton war sehr unterhaltsam.

Ich war ehrlich überrascht. Jacques verfügte, wie viele, vielleicht die meisten französischen Beamten seiner Generation im gehobenen Dienst, nur über ungefähre, wenn nicht lachhafte Englischkenntnisse. Sich durch die dreihundertzwanzig Seiten meines Buches durchzukämpfen, musste sein Kreuzweg gewesen sein. Er verstand meine wortlose Reaktion und lachte: Verlier keine Zeit mit Mitleid, ich habe natürlich die französische Übersetzung gelesen, du Spinner!

Ehrlich gesagt, hatte ich ganz vergessen, dass es eine französische Übersetzung gab, und ich gratulierte Jacques, dass er eines der sechsunddreißig verkauften Exemplare erworben hatte. Wir wendeten uns wieder meiner neuen Existenzform zu, und ich versicherte den beiden, dass ich keine neue Liebe oder Gefährtin gefunden und keine Pläne zur Umordnung meines Lebens hätte. Ob ich ein neues Buch schreiben würde? Zuerst müsste ich ein neues Thema finden. Und nein, Lust zum Reisen hätte ich nicht. Ich könne mir wirklich keinen Ort vorstellen, den ich mir gern ansehen würde und nicht schon kannte. Es sei denn, meine Vergangenheit. In ihr stöberte ich. À propos Besichtigung der Vergangenheit, ich müsse zugeben, dass ich Jeanne und ihren Mann besucht hatte.

Die arme Jeanne!, rief Lucie aus. Was für ein schreckliches Leben.

Natürlich hatten sie Jeanne während meiner Zeit als Chef des Pariser Büros gekannt, ganz so, wie sie später Valerie kennenlernten.

Schrecklich, aber *tout confort,* sehr komfortabel, lachte Jacques. Hubert sah gut aus, war sehr umgänglich, großartige Familie, sehr reich, sehr gesellig, Jockey-Club, lukrativer Job in einer Investmentbank. Ha! Ein Viry, direkter Nachfahre eines Kreuzritters im Dritten Kreuzzug, wird zum Speichellecker in einer jüdischen Bank! Das ist zum Totlachen, musst du zugeben. Natürlich waren sie nur zu froh, dass sie ihn hatten, und der Job war kein Hindernis für seine wirkliche Passion, Pferde und die Jagd. Furchtbar, was mit ihm passiert ist. Sie hätte bei dir bleiben sollen!

Das hat sich nicht ergeben, antwortete ich.

Valerie haben wir eigentlich nie gemocht!

Als Jacques und ich einen Spaziergang in Bayeux machten, auch beim Dinner und am nächsten Morgen, als wir alle drei über den amerikanischen Friedhof mit Blick auf Omaha Beach flanierten, drehte sich unsere Unterhaltung um ihr Leben, und ich entdeckte, dass ihr Glück als Paar mir das Herz erwärmte. Ihr einziges Kind, die Heldin und Kinderärztin Sylvia, erfüllte die beiden mit Stolz, obwohl ihre Abenteuer in Afrika oft beängstigend waren. Auch ein »junger Mann« gehörte ins Bild, ein Chirurg, wie sie Mitglied der Ärzte ohne Grenzen, den sie heiraten würde, falls sie je lange genug gleichzeitig am selben Ort sein konnten. Lucie und Jacques selbst lebten friedlich, *sans histoires* und angenehm mit Jacques' Pension, dem Erlös aus dem Verkauf ihres überteuerten Grundstücks und den kleinen Geldsummen, die sie geerbt hatten. Sie waren gesund, der kleine Tumor in Jacques' linkem Lungenflügel war durch Bestrahlungen und leichte Chemotherapie verschwunden. Paris aufzugeben, war ihnen nicht schwergefallen.

Das ist das Leben, das ich mir erhofft hatte, und bevor Valerie mich verließ, habe ich geglaubt, ich würde auch so leben, sagte ich ihnen, ich konnte nicht anders. Ich habe sie geliebt, ganz bestimmt, und habe wirklich gedacht, sie liebt mich auch, aber dann kam heraus, dass ich ein Narr gewesen bin. Ihr Abschied hat mir ein Licht aufgesteckt, in dem ich als Narr dastehe und alles, was ich für wahr und – wie soll ich sagen? – gut gehalten habe, als Fälschung entlarvt wird. Jetzt erkenne ich, was das *summum bonum* ist, jedenfalls für einen altmodischen Triefel wie mich: ein Paar, das in Zuneigung – das Wort Liebe vermeide ich – und tiefer Sympathie vereint ist. Ob die beiden Mann und Frau sind oder zwei Frauen oder zwei Männer, ist mir gleich. Ich kenne bewundernswerte schwule und lesbische Paare. Und jetzt verstehe ich, warum es mich immer zu bestimmten Leuten hinzog, warum es trotz meiner grundsätzlichen Misanthropie nicht unwahrscheinlich war, dass sie mir ans Herz wachsen würden. Sie sind Teil eines guten Paares gewesen. Genau wie ihr!

Jacques und Lucie fingen an zu lachen. Ich bin froh, dass wir einen guten Eindruck machen, sagte sie. Aber jetzt müssen wir schleunigst nach Hause. Von hier nach Bayeux brauchen wir dreißig Minuten, und ich möchte, dass du dich mit einem ordentlichen Mittagessen stärkst, bevor du nach Paris fährst, wenn du wirklich meinst, du musst heute zurück.

Später, als Jacques und ich in der Nähe der Tiefgarage, aus der er mir, wie versprochen, meinen BMW schleusen sollte, noch einen Kaffee tranken, sagte er, mein Loblied auf sein und Lucies gemeinsames Leben habe für ihn einen bittersüßen Klang. Dass es ausgerechnet von dir kommt, ist beinahe komisch. Denk doch nur, was du erreicht hast: als Auslandskorrespondent ein Star, Leiter von zwei Überseebüros und dann Chef des wahrscheinlich besten Nachrichtenmagazins der Welt und Autor von zwei Büchern. Und dann sieh mich an: Ein *sous-préfet* in diesem charmanten verschlafenen Nest, der die restliche Zeit seiner Karriere im Innenministerium oder im Büro des Ministers herumgelungert hat. Früher hab ich gezeichnet und gemalt, aber das hab ich aufgegeben. Als wir hierher gezogen sind, habe ich versucht, wieder damit anzufangen. Nichts. Unsere Tochter, unsere wunderbare Sylvie, könnte gerade so gut auf dem Mond leben, Lucie hat nie eine andere Beschäftigung als die Familie gehabt, und sie beklagt sich überhaupt nicht. Tennis spielt sie. Ich gehe mit ein paar Einheimischen angeln. Lucie und ich halten Händchen, mein Alter, und versuchen, Mut zu haben. Aber wir sind kein Vorbild für irgendwen!

Du spinnst, sagte ich. Wäre sein Englisch besser gewesen, hätte ich ihm vielleicht ein paar Zeilen aus *Lycidas* zugemutet: *Ruhm wächst nicht auf sterblichem Feld/nicht auf der glitzernden Folie für die Welt/liegt nicht im breit gestreuten Gerücht/doch lebt und kommt ans Licht durch die klaren Augen und das Zeugnis von Juppiters Sicht.*

Stattdessen umarmte ich ihn noch einmal und sagte, ich hoffe, er habe gemerkt, wie glücklich mich das Wiedersehen mit ihm und Lucie gemacht habe.

Ich setzte mich ins Auto, stellte auf dem GPS Boulevard Raspail in Paris ein, fand die Auffahrt zur A13 und gab Gas. Wenig Verkehr auf der Straße. Der Sender, den ich auf dem Weg nach Bayeux gehört hatte, weil er die Art Jazz spielte, die mir gefiel, sendete immer noch die gleichen Blues. Ich war dankbar und glücklich. Noch fünfundvierzig Minuten bis zum Ziel, rechnete ich aus, eine etwas weniger optimistische Schätzung als auf dem

GPS angegeben. Fünfundzwanzig Minuten bis Nanterre. Dort war ich zum letzten Mal gewesen, um über das Clinton-Buch zu sprechen. Und davor zum zehnten Jahrestag der Ereignisse vom Mai 1968, in denen Nanterre eine nicht unerhebliche Rolle gespielt hatte. Der glücklich gewählte Radiosender, wie er hieß, hatte ich vergessen, hatte gerade mein Lieblingsstück, Fats Waller mit »Keepin' Out of Mischief Now«, begonnen, da wurde mir schwarz vor Augen.

Ich kam wieder zu mir, als ich auf einer Bahre in den Krankenwagen geschoben wurde. Aus dem Augenwinkel sah ich den BMW am Straßenrand gegen die Leitplanke gerammt, die Polizisten und außer den Krankenträgern auch einen Arzt oder Sanitäter.

Ich bin ganz in Ordnung, wirklich, krächzte ich. Mir fehlt nichts.

Versuchen Sie nicht, zu sprechen, sagte der Doktor, bleiben Sie ganz still liegen. In der Klinik untersuchen wir Sie.

Die Klinik war das *Centre Hospitalier* in Évreux, nicht weit abseits von der Autobahn. Ein supermodernes, effizientes Krankenhaus, dachte ich. Sehr schnell wurde festgestellt, zuerst, dass der Alkoholspiegel in meinem Blut kein Problem war – wenig überraschend, da ich beim Lunch vor etlichen Stunden nur zwei Gläser Weißwein getrunken hatte –, dann, dass ich keine inneren Blutungen hatte, nichts gebrochen war und dass all die üblichen Tests – ein CT wurde nicht gemacht – nichts Verdächtiges in meinem Schädel zeigten.

Sie haben großes Glück gehabt, sagte die Ärztin in

der Notaufnahme, eine sehr energische Frau, die ich sofort mochte, was, glauben Sie, ist passiert?

Ich hatte einen Aussetzer. Hab das Bewusstsein verloren. Anders kann ich es nicht beschreiben.

Haben Sie öfter Ohnmachts- oder Schwindelanfälle?

Ich bin noch nie im Leben bewusstlos geworden und habe auch nicht unter Schwindel gelitten, wenn Sie das meinen.

Meinen Sie, Sie sind eingeschlafen?

Nein, das glaube ich nicht. Ich habe einen kurzen Mittagsschlaf gehalten, bevor ich aus Bayeux abfuhr. Ich war nicht müde und nicht schläfrig. Mir wurde nur schwarz vor Augen. Ganz plötzlich.

Ist Ihnen so etwas schon früher mal passiert?

Nie beim Autofahren, erwiderte ich. Es kann passieren, während ich tippe – ich bin Schriftsteller und verbringe viel Zeit am Computer – und beim Zeitunglesen zum Beispiel. Es ist nicht ganz wie Einschlafen, glaube ich. Ich verliere nur einen Moment lang das Bewusstsein.

Sie sah ratlos aus. Könnte Narkolepsie sein. Das müssten Sie von Ihrem Hausarzt oder vielleicht von einem Neurologen klären lassen. Inzwischen sollten wir Sie über Nacht hierbehalten, meine ich. Nur um sicherzugehen, dass Sie nicht in Schwierigkeiten kommen.

Nein, nein, protestierte ich. Das ist ganz ausgeschlossen. Ich muss nach Paris. Ich besorge mir ein Auto und einen Fahrer, der mich dorthin bringt.

Dass sie mich am Ende über Nacht in Évreux behalten wollten, hatte ich schon befürchtet. Ich konnte Jeanne anrufen, ihr erklären, was passiert war, und sie, wenn nötig, bitten, das Dinner auf Dienstag zu verschieben. Aber wenn sie nun sagte, sie sei beschäftigt mit all diesen Neffen, Nichten oder wer sonst Hubert besuchen wollte, was dann? Es wäre etwas anderes, wenn ich einen Gips hätte oder eine Operation brauchte, aber ohne derartige Komplikationen wollte ich nicht bleiben.

Die Ärztin war verärgert. Sie zuckte die Achseln und sagte: Gegen Ihren Willen behalte ich Sie nicht hier. Aber suchen Sie einen Arzt auf – bald!

Ich wollte keine Zeit mit Reden verschwenden, aber beim Arzt war ich schon gewesen, bei meinem Internisten. Besonders beeindruckt hatten ihn meine Ausfälle wohl nicht – ich hatte das Gefühl, er fand, bei einer alten Schrottkarre wie mir mit einem reichlich hohen Kilometerstand sei Derartiges nicht verwunderlich –, aber er merkte auf, als ich die Abende während der Leseperiode im College erwähnte, wenn man hoffnungslos hinterherhinkte und die Leseliste, Romane der französischen Romantiker des neunzehnten Jahrhunderts, *Atala* zum Beispiel, überhaupt nur zu bewältigen war, indem man Dexedrin einwarf. Wie schade, dass es diese Wunderdroge nicht mehr gibt, sagte ich. Die gibt's noch, erwiderte er, in etwas anderer Zusammensetzung und mit anderem Namen. Er verschrieb sie mir. Vielleicht hatte ich mich verändert, vielleicht war die andere Zusammensetzung ein Fehler, jedenfalls sehnte ich mich nach dem alten Zeug.

Aus Évreux wegzukommen war alles andere als einfach, wie sich zeigte. Die Polizei musste Formalitäten erledigen, auch wenn der Fall schlicht war – ich hatte bei einem Blackout die Kontrolle über den Wagen verloren, allerdings nicht unter Alkoholeinfluss – und der Vertreter der Autovermietung vor Ort hatte auch Papierkram zu bewältigen.

Zum Teufel mit der Diskretion, sagte ich mir. Ich rufe Jacques an. Er hat sich in Paris immer um meine Knöllchen gekümmert, vielleicht kann er mich auch aus den Klauen dieser Funktionäre befreien. Als er mir anbot, mich sofort nach Bayeux zu holen, und ähnliche gutgemeinte Vorschläge machte, fiel ich ihm ins Wort. Ich bin mit Jeanne verabredet!, schrie ich ins Telefon. Bitte, hol mich hier raus.

Ein Frankreich wird es immer geben, und für einen *sous-préfet*, auch einen pensionierten, wird der Polizeichef immer ein offenes Ohr haben.

Lucie bringt mich um, erwiderte er, aber ich mach's.

Ich überspielte, so gut ich konnte, dass ich nicht sehr standfest war, entließ mich aus dem Krankenhaus, das meine Kreditkarte zum Glück akzeptierte, und steuerte ein Café auf der anderen Straßenseite an, das noch geöffnet war. Ich bestellte einen Café Crème, eine gebutterte Baguette mit Schinken und Käse und rief mein Hotel in Paris an. Der intelligentere der Nachtportiers hatte Dienst. Ich erklärte, dass ich in Évreux festsaß. Ob er mir ein Auto mit Fahrer schicken könne? Ob ich es mit Uber versuchen solle? Was er mir rate? Dass ich einen Zug hätte nehmen können, fiel mir nicht ein. Er sagte, ich solle in zehn Minuten wieder anrufen. Halleluja! Er hatte es geschafft, in Évreux einen Fahrer zu erreichen, der mich demnächst abholen werde. Ich erinnerte mich an meine Reisetasche. Die Krankenträger hatten sie vom Rücksitz des BMW geräumt und ins Krankenhaus mitgenommen, nun stand sie neben mir im Café. Ich nahm sie und dankte meinem Glücksstern.

Als ich mit der Tasche in der Hand im Hotel ankam, war der intelligente Portier noch im Dienst.

Verzeihung, Sir, rief er, aber was ist denn mit Ihnen passiert?

Warum fragen Sie?, fragte ich zurück. Ich hatte einen Autounfall, aber ich bin nicht verletzt. Die Ärzte in Évreux haben mich untersucht. Es war ein langer ermüdender Tag, deshalb sehe ich womöglich zerbeult aus.

Ein Page erschien. Der Portier gab ihm den Auftrag, mir die Reisetasche in mein Zimmer zu tragen, und sagte: Bitte, Monsieur Gardner, Sie müssen wirklich einen Blick in den Spiegel werfen. Er zeigte auf einen neben dem Pult des Kassierers.

Ich tat wie geheißen. Was ich sah, jagte mir Angst ein. Ich begriff, warum der Portier bestürzt war. Ich hatte tiefe schwarze und blaue Ringe unter den Augen, die Augenlider waren schwarz und die Augen blutunterlaufen. Dunkelrot. Meine Haare standen zu Berge. Ich glättete sie.

Danke, sagte ich. Jetzt verstehe ich. Diese schwarzblauen Flecken haben sich wohl erst auf der Fahrt hierher gezeigt. Als ich das Krankenhaus verließ, war nichts davon zu sehen.

Möchten Sie, dass ich den Doktor bitte, herüberzukommen? Wir haben in der Nachbarschaft einen Arzt, der sich gern um unsere Gäste kümmert.

Nochmals vielen Dank, erwiderte ich. Diese Flecken sind erschreckend, aber im Krankenhaus hat man mich gründlich untersucht, und mir geht es gut, ich bin nur hungrig und müde. Eine Pizza würde ich jetzt wirklich gern essen. Ob die Pizzeria an der Ecke noch geöffnet hat?

Der Portier schüttelte den Kopf und rief in der Pizzeria an, machte aber keinen Versuch, seine Missbilligung zu verbergen.

Ja, Sir, sie hat geöffnet, und man wird Sie gern bedienen, wenn Sie sofort kommen. Die Pizza ist übrigens erstklassig.

Damit hatte er recht, und ich fragte mich, ob er mit dem Hinweis auf den Arzt nicht auch recht gehabt hatte. Aber nein, ich würde mich nicht umbesinnen. Die lähmende Müdigkeit musste als normal durchgehen. Das Gleiche galt für die Schmerzen in meinen sämtlichen Knochen. Ich trank noch ein Glas von dem schweren Rotwein, dann noch eins und begriff mit zunehmender Klarheit, dass ich mich nicht weiter auf das französische Gesundheitswesen einlassen wollte, auch wenn es sich bis jetzt hervorragend bewährt hatte. Das wäre das Letzte, was ich als Coda meines Parisbesuchs brauchte. Ich hatte schlicht und einfach andere Dinge vor, das erste und wichtigste davon war das Dinner mit Jeanne. Und sie hatte sich nicht wegen meines Aussehens mit mir verabredet!

Ich nahm eine Schlaftablette und schlief fast bis zehn, dann weckte mich der Drang zum Urinieren. Unterwegs warf ich einen Blick in den Spiegel über dem Waschbecken. Ich sah noch schlimmer aus als in der Nacht, wenn das überhaupt möglich war. Wahrscheinlich hätte ich Eiskompressen gebraucht. Aber wann? Im Krankenwagen? Während der Untersuchung? Im Auto auf dem Weg zum Hotel? Alles Unfug. Ich bestellte mir telefonisch Frühstück und die *NYT*. Als ich meine Brioche aß, kam ich zu dem Schluss, dass es mir schon viel besser ging. Sogar gut. Eine eingefleischte Gewohnheit? Ich fragte mich, ob ich Jeanne einen Strauß winziger Rosen mit einem sorgsam unsentimentalen Billett schicken sollte. Zum Beispiel *à ce soir* mit Ausrufezeichen. Ohne Unterschrift. Dann wurde mir die Absurdität dieses Vorhabens plötzlich glasklar. Ich las weiter Zeitung. Clinton und Trump hatten vorletzte Woche in Saint Louis debattiert, und sie würden morgen in Las Vegas wieder gegeneinander antreten. Eine passende Örtlichkeit für diesen bankrotten Kasinobetreiber, dachte ich. Die Zeitung war voller Spekulationen über das Ergebnis der letzten Begegnung dieser beiden unglaubwürdigen Kandidaten. Würde er Hillary matt setzen? Ich fragte mich, ob er etwas noch Mieseres tun würde, als in die erste Zuschauerreihe Frauen zu setzen, die angeblich von Bill belästigt oder missbraucht worden waren, oder damit zu drohen, dass er Hillary hinter Schloss und Riegel bringen werde, falls er die Wahl gewann. Alles, was ich über Trump wusste, bestätigte mir, dass er ein verachtenswertes Schwein war, und doch meinten Kommentatoren in beachtlicher Zahl, dass seine Vorstellung am 9. Oktober ihm die Chance zum Einzug ins Weiße Haus bewahrt habe. Wenn das stimmte, wenn Wähler sein Benehmen so einschätzten, dann waren wir als Nation dermaßen tief gesunken wie seit der Präsidentschaft des korrupten, rassistischen Andrew Johnson nicht mehr.

Konnte Trump gewählt werden? Ich fürchtete, das könnte passieren, da er gegen eine Frau antrat, die keinen einzigen eindringlichen, überwältigenden Grund angeben konnte, warum sie Präsidentin werden sollte. Was würde ich tun, wenn Trump gewann? Was schon, nichts! Auswandern würde ich nicht. An der Nordseite der Route 27 in Bridgehampton und Sagaponack standen ein paar Bonacker-Häuser mit Schildern: WÄHLT TRUMP, TRUMP 2016 und MAKE AMERICA GREAT AGAIN, die reichen Leute an der Gin, Lily Pond, Egypt und Further Lane waren vielleicht nur zu diskret für solche Bekundungen, aber die Hamptons und Manhattan waren sicher vor dem Schwein, daran hatte ich keinen Zweifel. Dort würde ich untertauchen.

Ich vertrödelte Zeit mit meinem Laptop und der Zeitung, und als ich mich rasieren wollte, sah ich, dass meine Augenringe größer und dunkler geworden waren, die schwarzen und blauen Verfärbungen sich am Nasenrücken entlang ausgebreitet hatten und meine Augen immer noch blutunterlaufen waren, obwohl es mir besser ging. Ich horchte in mich hinein. Nein, Kopfschmerzen hatte ich nicht. Ich stand erst auf dem einen, dann dem anderen Bein, stellte mich auf die Zehenspitzen und konnte in dieser Stellung mindestens bis zwanzig zählen. Wirkt nicht wie eine Gehirnerschütterung, meinte Dr. Hugo. Ich nahm ein heißes Bad, rief Chez Joséphine an, reservierte einen Tisch für den Abend und ging zum Lunch. Noch ein gutes Zeichen: Ich hatte Hunger. Das Lipp kam nicht in Frage. Der besorgten Neugier von Monsieur Gilles wollte ich aus dem Weg gehen. Ich wollte unbedingt meine Kondition testen, deshalb ging ich vom Relais zu Fuß zur Avenue Montaigne, aß ein Steak Tartar und trank eine Flasche Bordeaux des Hauses zu fast drei Vierteln leer, nahm ein Taxi zurück zum Hotel, stellte meinen Wecker und legte mich schlafen. Punkt acht Uhr zwanzig, zehn Minuten zu früh, war ich im Restaurant und wartete auf Jeanne.

IX

Mein armer Hugo, schrie sie auf. Bist du überfallen worden? Furchtbar zusammengeschlagen?

Ich schüttelte den Kopf. Sie trug einen schwarzen Smoking, den ich als das Saint-Laurent-Teil wiedererkannte, das in den siebziger Jahren der Gipfel des Schicks gewesen war und immer noch fantastisch aussah. Ihre Frisur und ihr Make-up waren sehr gepflegt. Jetzt konnte man in Paris Friseursalons finden, die montags geöffnet waren. Hatte sie ihr Gesicht kosmetisch behandeln lassen? Weil sie mit mir essen ging? War der Smoking eine Anspielung auf die Zeit, in der wir zusammengewesen waren?

Paris ist immer noch sicher, erklärte ich ihr, mindestens in den *beaux quartiers.* Zusammengeschlagen hat mich keiner. Ich war in Bayeux bei Jacques und Lucie Legrand zu Besuch und hatte gestern Abend auf dem Rückweg einen Blackout im Auto. Ich war hundert Prozent nüchtern, das kann ich dir versichern. Das Auto hat einen Totalschaden, und ich war ziemlich durcheinander. Das ist alles. Wenn ich nur die richtige Abdeckcreme oder was ihr Damen in solchen Fällen benutzt, zur Hand gehabt hätte, dann hätte ich sie aufgetragen.

Wie grausig! Ein Glück, dass du nicht verletzt bist. Du hast also Jacques und Lucie besucht. Ich habe sie schon lange nicht mehr gesehen. Über mich zu reden, muss ihnen großen Spaß gemacht haben.

Überhaupt nicht, erwiderte ich, sie haben gesagt, dass sie Valerie nicht leiden konnten und dass ich bei dir hätte bleiben sollen. Von deinem Mann erzählten sie, vor seiner Krankheit sei er ein begeisterter Jäger gewesen, was ich mir hätte denken können, da ich die Bilder an den Wänden seines Zimmers gesehen habe, und Banker sei er gewesen.

Ach, wirklich. Das haben sie sicher genauer gesagt: Ein Viry, der für Juden arbeitet! In gewissen Kreisen hat das zu allerhand Heiterkeit geführt.

Jacques hat es so nebenbei angedeutet. Der Teil unserer Unterhaltung, der sich um dich drehte, hat wirklich keine drei Minuten gedauert. Eigentlich haben wir über unser Leben geredet. Wir hatten uns seit vielen Jahren nicht mehr gesehen. Als ich das letzte Mal nach Paris gekommen bin, war er abgereist, wohin, weiß ich nicht. Ich habe ihn vernachlässigt.

So, wie du mich vernachlässigt hast!

Ich versuchte zu protestieren, aber sie ließ sich nicht unterbrechen.

Dann weißt du wahrscheinlich nicht, dass Jacques so weit nach rechts abgedriftet ist, dass er wahrscheinlich Marine Le Pen wählt. Ein erschreckender Antisemit ist er natürlich immer schon gewesen. Ich frage mich, wie das mit deinen sehr liberalen politischen Ansichten zusammengeht.

Du hast recht, antwortete ich, davon weiß ich gar nichts. Über Politik haben wir nicht geredet. Nicht mal über die Wahl in Frankreich. Wir hatten zu viele alte Kriegsgeschichten auszutauschen. Komm, lass uns einen Drink und unser Essen bestellen.

Während sie die Speisekarte studierte, erinnerte ich mich an Jacques' Gewohnheit, Trends in der französischen Gesellschaft auf Aperçus zu reduzieren, die, so hatte ich vermutet, zum Teil aus seinen Erfahrungen im Innenministerium und in der Stadtverwaltung stammten, zum anderen Teil die Weltanschauung seiner Winzer-Onkel in destillierter Form wiedergaben. Einer seiner Sprüche war: *le Français est antisémite,* Franzosen sind Antisemiten. Das bestritt ich, indem ich darauf hinwies, dass zum Beispiel er mindestens zwei enge jüdische Freunde habe, die ich durch ihn kennengelernt hatte. Das geht jedem Antisemiten so, antwortete er unbelehrbar.

Sie legte die Speisekarte weg, schüttelte den Kopf und sagte: Darauf kann ich mich einfach nicht konzentrieren. Ich nehme das Gleiche wie du, egal was. Und Rotwein bitte, egal, ob Fisch oder Fleisch.

Ich nehme, was wir immer so gern gegessen haben, erwiderte ich. Erbsensuppe und sautierte Foie gras. In Ordnung? Und einen Saint-Estèphe?

Irgendwas. Egal, was. Ich denke nur daran, wie bewusst es dir ist, dass du deinen alten Kumpel Jacques vernachlässigt hast. Und mich? Das ist auf deiner emotionalen Messlatte überhaupt nicht verzeichnet.

Jeanne, sagte ich, meine Worte vorsichtig abwägend, du warst wütend auf mich, als ich Valerie heiratete, du hast gesagt, du wolltest mich nie mehr sehen und nie mehr von mir hören, und du hattest recht mit deinem Zorn. Ich habe mich erbärmlich benommen. Du weißt, wie wir uns getrennt haben, so, dass mir auf meinen Durchreisen durch Paris keine Möglichkeit blieb, dich anzurufen und zum Tee oder auf einen Drink einzuladen, oder was immer man erwarten würde, wenn zwei Menschen sich einmal so nahe gestanden haben. Die Sache mit Valerie war ein Riesenfehler, für den ich jetzt bezahle, zu einer Zeit im Leben, da man besonders verletzlich ist. Und ich habe dir Unrecht getan und bereue es. Bist du immer noch so wütend auf mich? Bist du deshalb heute Abend so schlecht gestimmt?

Zu meinem Entsetzen fing sie an zu weinen, ganz still, eine Träne nach der anderen rann ihr an der Nase entlang und verdarb vermutlich – den Gedanken konnte ich nicht unterdrücken – das ganze perfekte Makeup.

Jeanne, flüsterte ich, Jeanne, ich wollte dich wirklich nicht unglücklich machen.

Sie trocknete die Tränen, holte tief Luft und sagte: Schon gut, Hugo, du hast mich nicht unglücklich gemacht. Es ist das Leben, das ich jetzt habe. Ich glaube, du kannst dir nicht vorstellen, wie es ist. Zum Beispiel heute Abend: Monsieur le comte hat Fieber! Ungefähr um halb sieben, nach Huberts abendlichem Suze, stürzte Victor – ich glaube, dieser Pfleger hatte Dienst, als du zu Besuch warst – zu mir ins Zimmer und meldete: Ich habe gesehen, dass Monsieur le comte glühte, und maß seine Temperatur. Zuerst war sie 39,5, jetzt habe ich nochmal gemessen, und sie ist gestiegen: vierzig Grad! Hugo, das sind 104 Fahrenheit. Vielleicht möchte Madame den Arzt rufen, fuhr Victor fort. Natürlich tat ich das. Zum Glück haben wir einen Arzt, der in der Rue du Bac wohnt und Hausbesuche macht. Vierzig Grad! Hubert hat so wenig Gelegenheit, ein Virus zu erwischen – oder irgendwas. Nur bei diesen gottverdammten Verwandten kann er sich anstecken. Die könnten die Grippe einschleppen. Die Pest! Aids! Scherz beiseite, hohes Fieber ist in seinem Fall wirklich angsteinflößend. Der Doktor kam, und der übliche furchtbare Zirkus begann. Fiebermessen ist kein Problem, aber versuch mal, herauszufinden, ob er irgendwo Schmerzen hat. Der Doktor fragt: Tut dies weh? Das nimmt er auf und spricht halb und halb singt er: Weh! Weh! Weh! Ohne Ende! So wie er es mit dem Wort Suze gemacht hat. Das hast du ja gehört. Nicht, weil ihm etwas wehtut, sondern nur, weil er das Wort wiederholen kann. Jedenfalls denken wir das. Aber vielleicht hat er auch Schmerzen. Es ist hoffnungslos. Nicht festzustellen, ob er Schmerzen in der Lunge hat. Der arme Doktor hat getan, was er immer tut. Er hat Hubert Blut abgenommen und ihm für alle Fälle ein Antibiotikum gespritzt. Morgen kommt er wieder.

Das ist furchtbar. Schrecklich hart.

Du kannst dir nicht vorstellen, wie hart. Es geht schon so lange so, und es hört einfach nicht auf. Demenz bringt niemanden um. Aber man stirbt, wenn man nicht mehr schlucken kann. Eine Infektion – damit haben wir es womöglich jetzt zu tun. Hoher Blutdruck und ein Schlaganfall. Krebs. Aber Hubert ist offenbar bei bester Gesundheit, und bestimmt wird er nicht von einem Bus überfahren, er wird auch nicht von einer Leiter fallen oder vom Pferd stürzen.

Ich nickte. Ich wusste einfach nicht, was ich sagen sollte. Wir aßen lange schweigend. Dann fiel mir ein, was ich sie fragen konnte.

Wie sieht denn dein Alltag aus, wenn kein Notfall eintritt?, fragte ich. Auch das kann ich mir schwer vorstellen.

Eine Ödnis, Hugo. Eine Ödnis. Manchmal kommt es mir vor, als wären Hubert und ich Gefangene in einer Strafkolonie für zwei Personen. Was ich zu tun habe? Ich achte darauf, dass der Haushalt wie ein Uhrwerk läuft. Da ist gute Organisation nötig. Jemand, der jetzt nicht mehr da ist und mir keine albernen Ratschläge mehr gibt, hat mich einmal gefragt: Warum engagierst du nicht einen Super-Butler, der alles erledigt? Ja, warum eigentlich nicht? Erstens, weil es solche Butler nur im Fernsehen gibt. Und wenn ich doch einen fände, müsste ich ihn überwachen. So wie es jetzt ist, überwache ich die drei Pfleger, die jeweils eine Acht-Stunden-Schicht haben, und eine Vertretung, die immer in Rufbereitschaft ist, außerdem die Haushaltshilfen, vier davon allein in Paris. Und dann haben wir auch noch das Haus im Poitou, das ist ein wunderschöner Bau aus der Zeit Ludwigs XIII., das erst nach vielen Arbeiten bewohnbar wurde. Mein Notar und der Vermögensverwalter sagen, ich solle es verkaufen. Ich bin Huberts Vormund und einzige Erbin und könnte es schon morgen zum Verkauf anbieten, aber die Schwester und deren Kinder würden Zeter und Mordio schreien. Zeter und Mordio, warum? Selbst wenn Hubert nicht dement wäre, könnte er ihnen weder das Château noch sein Vermögen vererben. Alles ist in unserem Ehevertrag festgelegt. Der Anwalt meines Vaters hat ihn mit Huberts Anwalt ausgehandelt, aber mein Vater hatte das Heft in der Hand. Er hat eine Nase für Geschäftliches und für

Leute. Hubert hat er durchschaut und dich auch. Trau *l'Amerloque* nicht, hat er gesagt, der meint vielleicht, dass er dich liebt, aber du bist nicht sein Genre, er wird dich fallenlassen wie ein gebrauchtes Kleenex. Was er über Hubert gesagt hat, werde ich nicht wiederholen. Wie sich zeigte, hatte Hubert überhaupt nichts dagegen, seine Schwester und ihre Kinder zu enterben. Wir dachten, es sei sogar ein Spaß für ihn. Er kann sie nicht leiden. Du könntest fragen, warum sie sich um ihn bemühen, wenn er doch gar nichts für sie tun kann? Weil sie dämlich sind. An Huberts Geld kommen sie nur, wenn ich vor ihm sterbe. Daran müssen sie die ganze Zeit denken. Ich würde mich nicht wundern, wenn sie mich ermorden ließen.

Wir hatten den Wein fast ausgetrunken.

Was ist das für ein Wein?, fragte sie.

Cos d'Estournel, Jahrgang 2009, sagte ich ihr.

Können wir noch etwas mehr davon bestellen? Mit ein bisschen Käse dazu? Findest du das vernünftig?

Das klang schon mehr wie die Jeanne, die ich kannte. Nein, finde ich nicht, sagte ich, aber wir tun's.

Wie auch immer, das Haus im Poitou möchte ich nicht verkaufen, fuhr sie fort. Dort war Hubert am glücklichsten, und er sei immer noch glücklich, sagen die Pfleger, wenn wir im Sommer hingehen. Ich weiß nicht, ob das stimmt oder was es heißen soll, dass er glücklich ist, aber es ist eine hübsche Vorstellung. Sie bringen ihn in den Rosengarten. Nachmittags sitzt er auf der Terrasse. Seit er das Anwesen von einem Suze-Onkel geerbt hat, hielt er die Hunde für die Hetzjagd dort, und ziemlich bald wurde er zum Jagdherren ernannt. Als er richtig krank wurde, ließ ich die Jagdhunde an einen anderen Ort bringen, es wäre lachhaft gewesen, sie zu behalten, aber die Pfleger behaupten, manchmal ahme er Hundegebell nach, schüttele den Kopf und mache ein fragendes Gesicht. Die Jagdzeit für *chevreuil,* Damwild, beginnt Mitte September. Wir bleiben immer bis zur ersten Oktoberwoche, manchmal bis zum fünfzehnten, denn wenn Hubert da ist, reitet die Jagdgruppe zu unserem Haus. Sie stellen sich im Halbkreis im Hof auf, und die Jagdhörner spielen die Signale, die Hubert immer am liebsten gehört hat, sagt der Weidmann, ein alter Dienstbote, den Hubert immer wie einen Bruder behandelt hat. *Les Honneurs, La Saint-Hubert,* du weißt schon. Es ist rührend und wirklich sehr schön, und ich könnte es Hubert nicht wegnehmen.

Du bist wirklich sehr großmütig, murmelte ich.

Ach, Unsinn. Die Erhaltungskosten sind kein Problem. Hubert ist wirklich reich, und ich bin es eines Tages wahrscheinlich auch. Wenn mein idiotischer Bruder das Unternehmen nach dem Tod meines Vaters nicht ganz und gar abwirtschaftet. Kummer macht es mir, die Show in Gang zu halten, wenn sie für das Publikum ganz unsinnig wird. Ich meine, niemand kann wissen, was in Huberts Kopf vorgeht. Diese totale Vergeblichkeit. Wie soll man zum Beispiel herausfinden, ob er *La Marseillaise* von *La Saint-Hubert* unterscheiden kann? Und dann meine unsägliche Einsamkeit.

Wenn es um Essen und Trinken ging, war sie noch die alte Jeanne. Nach dem Käse aßen wir eine Pflaumentorte. Als der Kaffee gebracht wurde, hatten wir die Weinflasche geleert.

Sollen wir einen Kognak trinken?, fragte ich. Ich möchte noch so viel mehr wissen.

Ich möchte dir alles erzählen, aber trinken wir den Kognak doch zu Hause.

Ich verbarg meine Überraschung und Freude, und als ich den Kellner bitten wollte, uns ein Taxi zu rufen, sagte sie: Schon gut, mein Wagen steht draußen.

So war es. Der Mann im schwarzen Anzug, der mir die Tür aufgemacht hatte, als ich Jeanne besuchte, trug jetzt eine schwarze Chauffeursmütze. Sobald er angefahren war, kam mir Jeanne näher und nahm meine Hand.

Ich möchte, dass du mit mir nach Hause kommst, Hugo, sagte sie, ich möchte mich mit dir betrinken, aber passieren wird nichts. Es wird nicht wie bei unserem ersten Mal. Du weißt, dass das nicht geht.

Die riesige Wohnung war dunkel und still. *Das Grab ist ein heimeliger Ort,* grübelte ich, *Doch unumschlungen schläfts sichs dort.* Sie führte mich in die Bibliothek und zeigte auf das Sofa. Das hieß wohl, dass ich mich dort hinsetzen sollte. Ich bin gleich wieder da, flüsterte sie.

Der Mann in Schwarz erschien wieder, minus Mütze, verkündete mit Grabesstimme: Delamain XO 61, und schenkte mir ein. Der Duft des Drinks verriet die bemerkenswerte Qualität. Ich stellte das Glas auf dem Couchtisch ab und wartete. Langsam verstrichen die Minuten – zehn, fünfzehn? Ich hatte nicht auf die Uhr gesehen –, und Jeanne kam oder glitt vielmehr in den Raum. Der Mann in Schwarz folgte und schenkte ihr ein.

Danke, Georges, das ist alles. Sie können die Flasche

auf dem Tisch stehen lassen. Monsieur Gardner bringe ich selbst hinaus und lösche die Lampen.

Sie hatte sich umgezogen. Sie trug einen zweiteiligen Jerseyanzug und Ballerinas.

Du wunderst dich, lachte sie. Meine alten Kleider passen mir immer noch, der Smoking zum Beispiel, aber richtig bequem sind sie nicht mehr. Das waren sie natürlich auch nie. So gesehen, habe ich mir meine Figur ziemlich gut erhalten. Fitnessstudio, immer wieder Fitnessstudio, und Reiten, als wir noch Pferde hielten. Ich hätte die Treibjagd mitreiten können oder den Jägern folgen, aber ich habe es nie über mich gebracht, die armen kleinen Tiere zu hetzen und zu töten und von den Hunden reißen zu lassen. Hast du den Kognak probiert?

Ich habe auf dich gewartet.

Jetzt musst du nicht mehr warten. Sie setzte sich dicht neben mich auf das Sofa, hob ihr Glas und stieß mit mir an. Er ist wunderbar, meinst du nicht?

Ja, konnte ich gerade noch sagen. Ihr Körper strahlte Hitze aus.

Nimm doch noch einen Schluck. Wir haben die ganze Flasche zur Gesellschaft. Wenn du willst, kannst du nachsehen, was aus meiner Figur geworden ist. Nur zu. Unter diesem Anzug habe ich nichts an. Aber denk dran: Wie in New York wird es nicht sein.

Lag es daran, dass sie keine Kinder gehabt hatte? An all diesen Fitnessübungen? An einem außergewöhnlich aktiven Stoffwechsel, wenn man bedachte, wie gern sie aß und trank? Ihr Körper war in der Tat erstaunlich wenig verändert, und wie früher kam alles erstaunlich schnell in Gang. Sie spreizte die Beine. Ich kniete mich dazwischen und streifte ihr die Hose ab. Sehr schnell und heftig kam der Orgasmus. Gönn ihr eine Pause, dachte ich, lass ihr etwas Ruhe, und streichelte ihr einige Minuten lang nur Schenkel, Po und Bauch. Als ich sie wieder mit dem Mund berührte, folgte ein neuer Orgasmus, langsamer, aber länger andauernd und lustvoller, meinte ich. Wieder ließ ich ihr Zeit zum Ausruhen, aber diesmal griff sie nach meinen Ohren und zog mich sanft aufwärts.

Jetzt setz dich, sagte sie, ich bin an der Reihe. Sie streifte ihr Oberteil ab, sagte, ich solle die Hose herunterlassen und mich zwischen ihre Brüste schmiegen. Dann nahm sie mich in den Mund.

Komm jetzt hoch, befahl sie, und sei ganz still. Durch die Tür dort – sie zeigte mit dem Finger – geht es ins Bad, wenn du dich waschen möchtest.

Jeanne, flüsterte ich, warum lässt du mich nicht in dein Bett? Ich bin schon mehr als glücklich, aber wir könnten noch glücklicher sein. Bitte!

Sie schüttelte den Kopf. Das will ich nicht. Dies habe ich gewollt. Dir hat es auch gefallen. Sei kein Nimmersatt. Mehr zu machen würde uns im Moment mehr Lust verschaffen, aber ich bliebe danach sehr unglücklich zurück.

Ich wusch mir das Gesicht, brachte meine Kleider in Ordnung und ging zurück in die Bibliothek. Sie war verschwunden, kam aber wie erwartet gleich wieder, mit gekämmten Haaren und strahlenden Augen.

Du bist ein Schatz, Hugo, sagte sie, ich bin sehr, sehr glücklich, dass du mich besucht hast.

Dann sind wir wieder Freunde?

Natürlich, du Spinner. Was denn sonst?

Dann habe ich eine Idee. Du sagst, du hast ein einsames Leben. Mir geht es genauso. Wie wäre es, wenn ich mir eine kleine Wohnung in Paris nehme, irgendwo nicht weit von hier, und wir einander Gesellschaft leisteten? Nichts Schwergewichtiges oder Verpflichtendes. Einfach nur jemanden haben, einen alten Freund, mit dem man reden, in die Oper oder Konzerte gehen oder lange Spaziergänge machen kann. Und von Zeit zu Zeit auf dem Sofa schmusen wie Teenager. Nur dass Teenager keinen Oralsex praktizieren, glaube ich.

Du bist so altmodisch, lieber Hugo! Alle Teenager machen das jetzt. Aber meine Antwort ist wahrscheinlich ein Nein. Es wäre zu artifiziell. Du gehörst nicht nach Paris, nicht ohne eine Arbeit, und du bist zu alt, um noch Arbeit zu finden. Ich habe Arbeit, einen Vollzeitjob – auf Hubert aufpassen und sein Haus in Betrieb halten –, und dieser Job steht an erster Stelle. Damit bestünde ein fatales Ungleichgewicht zwischen uns. Du wärst am Ende gelangweilt und überzeugt, ein schlechtes Geschäft gemacht zu haben. Bitte, sag nichts dagegen. Verdirb nicht die Stimmung. Ich brauche einen Kognak und du auch, und ich möchte auf deinem Schoß und in deinen Armen sein.

Ich tat ihr den Gefallen, und noch einmal prosteten wir einander zu.

Willst du mich nicht streicheln?, beschwerte sie sich.

Ich steckte meine Hand unter ihr Oberteil. Der Nippel wurde hart. Schon besser, erklärte sie mir.

Jeanne, sagte ich, Hubert ist schon so lange krank.

Kann es sein, dass euer Eheleben, also der Sex, noch funktioniert?

Was für ein Esel du bist, lachte sie, hör nicht auf, mach weiter, und ich erzähle dir alles. Weißt du, nicht alle Männer sind so wie du, nicht alle wollen auf der Stelle ins Bett hüpfen und so. Nicht lange nachdem ich Hubert geheiratet hatte und als wir herausgefunden hatten, dass er keine Kinder zeugen konnte, er hatte wohl Mumps gehabt, wurde mir klar, dass ich bei ihm erst an zweiter Stelle kam. Seine wahre Leidenschaft waren die Pferde und dann und wann ein Pferdeknecht. Versteh mich nicht falsch. Er war kein bekennender Schwuler. Jedenfalls hatte er nie eine dauerhafte Affäre. Auch hat er immer noch mit mir schlafen wollen. Selten. Das ist alles. Wenn ihn etwas erregte, war nicht unbedingt ich der Grund. Denkwürdig waren diese seltenen Gelegenheiten nicht, muss ich sagen. Ich musste ihn immer vorbereiten. Ohne Hilfe schaffte er es nicht. Manchmal brauchte er eine Menge Hilfe. Dann machte ich die Beine breit, er erledigte sein Ding, und das war's dann. Ich habe immer darauf geachtet, genug Gleitmittel zur Hand zu haben. Er hat mich nie vorbereitet. Immer nur eine Einbahnstraße. Geschnarcht hatte er seit eh und je, aber das Schnarchen schien mir schlimmer und schlimmer zu werden, bis ich das Konzert eines Nachts auf Tonband aufnahm und ihm am Morgen vorspielte. Er war entsetzt und entschuldigte sich wieder und wieder. Das ist eine Seite Huberts, die man verstehen muss. Er ist von Grund auf höflich. Vielleicht ist es deshalb so leicht, jetzt mit ihm umzugehen. Jedenfalls lieferte mir das Schnarchen den guten Grund, den ich brauchte, um getrennte Schlafzimmer vorzuschlagen. Er widersprach nicht, und die ehelichen Begegnungen nahmen einen zeremoniellen Charakter an, der am Hof Ludwigs XIV. nicht fehl am Platze gewesen wäre. Das also ist das Familienleben der Madame la comtesse de Viry! Genau das, was sie sich erhofft hatte.

All die Jahre lang? Wie hast du das nur ausgehalten?

Mehr, mach weiter, murmelte sie.

Ich hatte erst ihren einen, dann den anderen Nippel massiert.

Nein, irgendwann, vor einer Ewigkeit, habe ich mir einen Liebhaber genommen. Es ist wirklich lange her, wollte ich sagen. Vielleicht dreißig Jahre. Einen richtig altmodischen Liebhaber mit Stil und Distinktion und einer Garconnière, in der wir uns treffen konnten. So alt wie du oder ein paar Jahre jünger. Bewegte sich in den vornehmsten Kreisen der französischen Gesellschaft. Das würde dir sein Name sofort sagen. Vielleicht kennst du den Mann sogar. Natürlich verheiratet, natürlich mit einer äußerst frommen Frau, die jeden Morgen zur Messe ging und nicht im Traum an eine Scheidung dachte. Und natürlich wusste sie von uns, aber das änderte nichts. Hubert hat es auch gewusst. In unserem Milieu war es kein Geheimnis, und ich bin schockiert, dass dir Jacques nichts davon erzählt hat. Vielleicht ist er doch nicht so eng vernetzt, wie er meint. Es war ein gutes Arrangement. Ob es mich glücklich gemacht hat? Glück ist ein schwieriges Wort. Ich glaube, ich war glücklich, bis er mich eines schönen Tages, ungefähr vor sechs Jahren, abserviert hat. Einfach so, genau wie du mich abserviert hast, mein lieber Hugo, und sich mit einer dreißig Jahre Jüngeren einließ, die wir alle kennen.

Was für ein mieser Kerl, wollte ich schon sagen, besann mich aber noch rechtzeitig, beschränkte mich auf einen neutralen Kommentar und sagte, das ist ja eine schöne Geschichte. Guter Stoff für eine Komödie aus dem achtzehnten Jahrhundert.

Es kommt noch besser, sagte sie. Vor ein paar Jahren hat die junge Schönheit ihn für einen russischen Milliardär sitzen lassen! Einen verheirateten russischen Milliardär. Kannst du dir das vorstellen?

Kichernd rutschte sie von meinem Schoß herunter. Als Nächstes schüttelte sie ihre Trainingshose ab und sagte, Hugo, Lieber, mach nochmal, was wir vorhin gemacht haben.

Diesmal bot sie keine Revanche an, und ich unternahm nichts, sie dazu aufzufordern. Ich war mir nicht sicher, ob es funktionieren würde. Sie verlangte einen Kognak und tadelte mich, als ich mir nur einen Tropfen eingoss. Betrunken war ich nicht, aber ich hatte das Gefühl, mein Gleichgewicht sei in Gefahr, so dass ich womöglich nicht mehr gerade gehen könne. Jeanne schnurrte auf eine Weise, die mir in den Ohren klang, als sei sie herrlich beschwipst.

Vielleicht sollte ich gehen, sagte ich. Du hast mich sehr glücklich gemacht. So glücklich war ich lange nicht mehr.

Das stimmte.

Zur Antwort küsste sie mich auf den Mund. Sie sei ebenfalls glücklich, erklärte sie. Glücklich und zufrieden.

Glaubst du, du kommst wieder?, fragte sie.

Meinst du morgen? Bevor ich aus Paris abreise? Soll ich meinen Aufenthalt verlängern? Willst du mir erlauben, meinen Plan auszuführen? Eine Garçonnière wollte ich schon immer haben.

Nein, Hugo, Schatz, sagte sie. Dazu kann ich nicht ja sagen, nicht heute Nacht, mir war wirklich ernst mit dem, was ich vorhin gesagt habe. Ich wollte wissen, ob du wieder nach Paris kommst, bevor Jahre vergehen.

Ja, erwiderte ich. Oft. In ein paar Monaten. Auch früher, wenn du es dir anders überlegst. Und jetzt muss ich gehen.

Sie bot mir an, ein Taxi zu rufen, das lehnte ich ab. Die Nacht war klar und windstill. Ich ging durch die Rue Solférino zum Boulevard Saint-Germain, folgte ihm bis zur Rue Bonaparte und ging auf dieser Straße bis zur Rue Cassette und zu meinem Hotel. Allzu sicher auf den Beinen war ich nicht, aber ich passte auf, dass ich nicht schlurfte, hob die Füße und schaffte es, nicht zu stolpern und nicht zu fallen. Auf unseren langen Fahrten über Land, bevor die *autoroute* die Fahrzeit nach Avignon drastisch verkürzte, hatte Jacques Legrand mit seinem feinen Bariton unaufhörlich einen Song von Georges Moustaki gesungen. Der Refrain fiel mir wieder ein, und ich begann, ihn zu summen: *il est déjà demain, passe, passe le temps, il n'y en a plus pour très longtemps …*

X

Ich wurde spät wach, ging ins Badezimmer, schaute mein schauriges Gesicht im Spiegel an und sah, dass ich schmunzelte. Mir ging es elend, aber ich schmunzelte, und das Schmunzeln hielt sich auf meinem Gesicht, während ich Frühstück bestellte und verzehrte, und sogar noch, als mir einfiel, dass das dritte und letzte Rededuell zwischen Hillary und Trump am selben Abend in Las Vegas stattfinden würde. Vermutlich um acht Uhr nach New Yorker Zeit, deshalb um zwei Uhr morgens in Paris. Kein Problem. Ich würde es mir anhören. Aber ich konnte mich weder auf Hillary noch auf Trump konzentrieren. Ich dachte an Jeanne und mich. *Les aiguilles ont tourné*, die Uhrzeiger haben sich weiter gedreht, wie es in Moustakis Chanson heißt. Es war schon nach elf Uhr. Ich hatte keine Zeit zu verlieren.

Ich zog mich in aller Eile an, nahm ein Taxi zur Place du Palais-Bourbon und betrachtete das Schaufenster des Blumenladens. Ich wollte Jeanne eine Pflanze schicken. Die Orchideen waren besonders schön. Mit Hilfe der Eigentümerin, die ich kannte, seit sie eine ganz junge Praktikantin in genau diesem Geschäft gewesen war, suchte ich ein Exemplar mit fünf Stielen aus, deren Blüten einen weißen Wasserfall bildeten. Ein vollkommenes Gewächs, versicherte mir die Floristin, in voller Blüte, aber auch noch mit vielen Knospen. Eine Karte gehörte dazu. Ich wusste, was zu sagen war: Merci!

Darunter zeichnete ich einen Smiley. So etwas hatte Jeanne immer gemocht. Ich hoffte, das galt noch. Weiß Madame, wie man Orchideen pflegt? Bei meinem kurzen Gang durch die Wohnung hatte ich keine gesehen. Georges, der Mann in Schwarz, wusste es wahrscheinlich. Zur Sicherheit ließ ich die Floristin eine Pflegeanleitung aufschreiben: viel Licht, aber keine direkte Sonne, wässern einmal pro Woche, direktes Sonnenlicht, sobald die Blütenblätter abgefallen sind; wenn alles gut geht, wird die Pflanze noch einmal blühen. Ob die Orchidee bald zugestellt werden könne? *À l'instant même, Monsieur Gardner.*

Ich hatte gefrühstückt, war aber wie ausgehungert. Neben meinem früheren Hotel in der Rue de Bourgogne war ein Restaurant. Als ich dort zu Mittag aß, nahm in meinem Kopf ein Plan Gestalt an. In einem ersten Schritt wollte ich die Degas-Gemälde im Musée d'Orsay ansehen. Ich hatte eine Liste meiner Favoriten im Gedächtnis: zwei Ölgemälde von Badenden beim Fußabtrocknen, alle Café-Porträts, die Bronzen von jungen Tänzerinnen, die Ballettklasse. Diese Gemälde würden mich in die Welt von Maupassant, Zola, Mallarmé, Renoir und Monet zurückversetzen, eine Welt, die ich trotz ihrer entsetzlichen politischen Ansichten und Ungerechtigkeit liebte. Eine Zeit, in der Degas immer wieder Mitglieder der Familie Halévy porträtierte, die ihn als einen der Ihren behandelten, bis die Dreyfus-Affäre und der Antisemitismus des Malers zu einer unabänderlichen Entfremdung zwischen ihnen führten und den Beginn vom Ende dieser Welt markierten. Ich wusste nicht, wie viele dieser Gemälde zu besichtigen waren.

Womöglich waren sie an andere Museen ausgeliehen. Es gab andere, ich war nicht wählerisch. Im zweiten Schritt würde ich eine Reise nach Wien am nächsten Spätnachmittag arrangieren – falls ich das Fernsehduell tatsächlich verfolgte, würde ich noch weniger als sonst bereit sein, früh aufzustehen. Und drittens wollte ich mit Jeanne telefonieren.

Ich rief kurz vor sechs an. Sechs Uhr war wohl die Zeit für Huberts Suze, eine Zeremonie, an der sie vermutlich teilnahm. Ich stellte mich darauf ein, dass der furchteinflößende Georges das Gespräch annahm, aber wieder war sie selbst am Apparat.

Hugo, du Schatz, rief sie, das ist die schönste Orchideenpflanze, nein, der schönste Orchideenbaum, nein, Orchideenwald, den ich je gesehen habe. Weißt du, dass Hubert mir nie Blumen geschenkt hat? Und mein Liebhaber hat behauptet, Minimalist zu sein. Seine Ästhetik erlaubte ihm allenfalls, mir ein Sträußchen Veilchen oder Vergissmeinnicht zu überreichen oder im Winter immer Astern. Er behauptete, das zeige echtes Raffinement. Mir zeigte es, dass er ein mieser Geizkragen war.

Hatte sie ein Glas Champagner über den Durst getrunken, als sie sich auf die Suze-Tortur vorbereitete – denn wie sonst sollte man sich diesen Redeschwall erklären –, oder hatte unser abendliches Zusammensein sie befreit und ihr die Zunge derartig gelöst? Ich empfand heftige Zärtlichkeit und Zuneigung für sie. Hatte ich sie damals, vor Jahrzehnten, geliebt? Verliebte ich mich jetzt gerade in sie? Auf diese Fragen fand ich im Moment keine Antwort.

Ich habe eine große Schwäche für Orchideen in allen

Spielarten, erklärte ich ihr. Ich freue mich, dass sie dir gefällt. Hast du zufällig heute Abend Zeit? Wenn ja und wenn du willst, könnten wir spät zusammen essen und dann der schrecklichen Hillary im Fernsehduell mit dem zehnmal schrecklicheren Trump zusehen. Die Debatte fängt spät an, um zwei Uhr morgens. Aber ich glaube, Zusehen lohnt sich.

Hugo, mein Schatz, ich kann nicht, ich kann unmöglich! Die fürchterliche Schwester und zwei ihrer fürchterlichen Kinder kommen zum festlichen Dinner mit ihrem Onkel Hubert. Wenn sie dann endlich gehen, bin ich reif fürs Bett – allein.

Wie schade. Ich reise morgen am Spätnachmittag nach Wien ab. Bin Sonntagabend wieder da. Meinst du, du könntest am Montagabend mit mir zum Dinner gehen? So wie gestern, bei Joséphine oder in einem anderen Restaurant, das dir gefällt, und mir anschließend noch etwas von deinem wunderbaren Kognak geben, wenn noch etwas davon übrig ist?

Ja, ja, ja! Bleibst du danach in Paris?

Vielleicht. Das hängt nur von dir ab, *ma petite Jeanne*. Am Montag, den einunddreißigsten, habe ich eine Verabredung in New York, die ich nicht ausfallen lassen darf, und natürlich möchte ich für die Wahl da sein.

Ach so, erwiderte sie, und ich konnte mir vorstellen, wie sie schmollte, da bleibt uns nicht viel Zeit.

Und dann, wieder heiter, fügte sie hinzu: Können wir morgen zusammen Mittag essen, bevor du abfliegst?

Im Lipp, erwiderte ich, um halb zwei. Nicht ausgeschlossen, dass du mir noch einmal den Kopf verdrehst.

Meine Wienreise zu organisieren war ein Kinderspiel. Die Kombination von Internet – ein Dank an Al Gore für die Erfindung – und Smartphone hat Dinge unglaublich erleichtert, die früher endlose Konferenzen mit dem Portier eines Fünfsternehotels und ein deftiges Trinkgeld für diesen Potentaten erfordert oder einen ermüdenden Besuch beim American-Express-Reisebüro nötig gemacht hätten oder in einem anderen Hafen für Touristen, die mit unrasierten Beinen auf dem Boden neben ihren Rucksäcken kauerten. Ja, es gab am Spätnachmittag einen Direktflug von Paris nach Wien, und ich konnte einen Platz in der Businessclass bekommen, ja, der für Reservierungen zuständige Verwalter im Hotel Sacher erinnerte sich nicht nur an meinen jüngsten Aufenthalt dort, als ich das Clinton-Buch vorgestellt hatte, sondern auch an zahlreiche länger zurückliegende in meinen früheren Avataren, und der Portier erinnerte sich ebenfalls. Der Verwalter sah keinen Grund, warum er mir keine Karten für *Eugen Onegin* und *Le nozze di Figaro* besorgen könne. Das Internet hatte mich schon wissen lassen, dass in der fraglichen Woche auch *Les Troyens* und *Un ballo in maschera* auf dem Spielplan standen, und ich bat ihn, wenn unbedingt nötig, eine der beiden Opern meiner ersten Wahl durch *Les Troyens* zu ersetzen. Schließlich versprach er mir auch, dass mir an jedem Abend meines Aufenthalts ein Tisch in der Roten Bar des Hotels sicher sei, gleich nach meiner Ankunft morgen Abend, um halb neun, wenn ich nicht in die Oper ginge, andernfalls nach der Aufführung.

Ausgerechnet in der Roten Bar – ich saß dort und nippte an meinem perfekten zweiten Gin Martini und hörte dem Pianisten zu, wie er sich durch »Parlez-moi d'amour« arbeitete – überkam mich wieder die bizarre Mischung aus Angst und Ekel, die ich empfunden hatte, als ich Clinton und Trump zusah. Er werde das Ergebnis der Wahl nicht anerkennen? Behauptete er das nicht nur einmal, sondern zwei- oder gar dreimal? Er würde uns im Ungewissen lassen! Nannte seine Gegnerin eine üble Person! Eine Frau, die man nicht als Präsidentschaftskandidatin zulassen dürfe? Warum sollte er das nicht sagen und auch alles Mögliche sonst, was ihm gerade in den Sinn kam? Schließlich hatte er verkündet, wenn er gewählt würde, werde er einen Sonderermittler auf sie ansetzen, und in Florida hatte er dazu aufgerufen, sie hinter Schloss und Riegel zu bringen. Die Zeitungen, die ich online las, machten auf mich den Eindruck, dass meine ehemaligen Kollegen überzeugt waren, Trump habe mit seinem Auftritt in dieser Diskussion einen Nagel in seinen Sarg getrieben, ihn wahrscheinlich sogar zugenagelt. Hoffentlich hatten sie recht! Wie immer waren um zehn Uhr abends alle Tische in der Roten Bar besetzt. Ich sah mich um und betrachtete das Publikum, meiner Meinung nach überwiegend Wiener Bürger, die den guten Blaufränkischen aus Ballongläsern schlürften und sich die Lippen leckten beim Anblick des Tafelspitzes, der auf den Tellern vor ihnen dampfte; ich musterte die schwarzen oder marineblauen Zweireiher, deren Schnitt sich nicht wesentlich von den Anzügen unterschied, die ihre Väter oder Großväter getragen hatten, als sie ein paar Wochen nach dem »Anschluss« in ebendieser Bar saßen, viele von ihnen insgeheim oder nicht so insgeheim froh, Schwächlinge wie Dollfuß,

Schuschnigg und Miklas los zu sein, und stolz, endlich auch zum »Reich« zu gehören. 1932 hatten Leute wie ich und diejenigen meiner Kollegen, die meinten, Trump sei geschlagen, Hitler und den Mist, den er ausspuckte, für lächerlich, grotesk, absurd gehalten. Dann hatte er auf einmal die Wahl ganz legal gewonnen, und der Kriegsheld und Reichspräsident Hindenburg ernannte ihn ganz legal zum Reichskanzler. Die Vereinigten Staaten sind nicht mit der Weimarer Republik vergleichbar, und Analogien sind fast immer falsch oder nutzlos, sagte ich mir und beruhigte mich bei dem Gedanken und dem Gulasch, das gerade serviert wurde und auf meinem Teller dampfte. Und bei dem sehr trockenen Tokayer, den ich nach einer ausführlichen Besprechung mit dem Sommelier bestellt hatte. Alles in allem war es schwer, nicht zu meinen, dass das österreich-ungarische Kaiserreich eine bessere Einrichtung war als das Zusammenspiel osteuropäischer Neofaschisten, das jetzt anhob. Der Raum hatte sich geleert. Der Klavierspieler, der sich wie alle anderen in diesem Hotel an mich oder meine üppigen Trinkgelder erinnerte, kam zu mir an den Tisch, erkundigte sich nach meiner Gesundheit, ohne sich anmerken zu lassen, dass er meine schwarzblauen Augenringe registriert hatte, und fragte, ob es ein Stück gebe, das ich gern hören würde. Ich dachte gerade an Jeanne. Stimmt, mein Wunsch war kitschig. Ich bat den Pianisten, »I've Got You Under My Skin« zu spielen.

Das Kunsthistorische Museum – Gebäude und Sammlungen ein fantastisches Geschenk Kaiser Franz Josephs an seine Untertanen. Nur der Prado ist ein vergleichbares Beispiel königlicher Großzügigkeit. Wie immer in

Wien, wenn ich nicht arbeitete, ging ich gleich nach dem Frühstück die Ringstraße entlang zum Museum. Drinnen wanderte ich von Breughel zu Vermeer, von Vermeer zu Giorgiones *Laura*, einem Gemälde, das ich besonders schätze, von ihr dann zu Cranachs *Judith mit dem Haupt des Holofernes*. Es dauert nicht lange, bis ich »Museumsaugen« bekomme, wie ich es nenne, wenn ich sehe, ohne zu sehen. Dann ist es Zeit zu gehen. Ich nahm ein Taxi zum Café Demel, das erweitert wurde, aber sonst unverändert ist, seit ich als Soldat auf Urlaub dort war. Nach einem Lunch mit den wunderbaren kleinen Demel-Sandwiches ging ich zur Albertina. Ich hatte ein besonderes Ziel im Sinn, ich wollte die Schiele-Zeichnungen sehen, die nicht im Leopold Museum sind. Im Leopold wollte ich den nächsten Nachmittag verbringen. Warum Schiele? Wegen der Mischung aus Zufriedenheit, in Wien zu sein, und Angst vor dem kommenden Jahrzehnt. Schieles knochendürre Nackte, ihre irren Augen, klaffenden Münder und schamlos entblößten Vulven sowie seine Selbstporträts waren mit Sicherheit Vorzeichen dessen, was kommen sollte, Umwälzungen, die sogar seine Vorstellungskraft überstiegen. Er hatte noch Glück. Seine Frau und er starben wenige Wochen vor dem Ende des Ersten Weltkrieges an der Spanischen Grippe. Er musste diese Umwälzungen nicht mit ansehen. Waren sie auch Vorzeichen der neuen Düsternis, die sich jetzt auf uns herabsenkte?

Ich glaubte jedes Wort von *Figaros Hochzeit*, sogar Barbarinas zauberhaftes *l'ho perduta, me meschina …*, ihre Klage, dass sie die Nadel verloren hatte, die sie

Susanna hätte bringen sollen. Wie immer, schüttelte ich ratlos den Kopf über Onegin. Konnte es sein, dass ein junger Mann gefühlskalt und abgestumpft genug war, Tatjanas Liebe zurückzuweisen? Und ich versicherte mir schleunigst, dass es keine Gemeinsamkeiten zwischen ihm und mir gab: Ich hatte Jeanne nicht so verschmäht wie er diese bezaubernde russische Maid. An beiden Abenden hatte ich einen Platz in der ersten Reihe einer Loge, und an beiden Abenden waren alle anderen Plätze von redseligen Österreichern besetzt, die mich ignorierten, abgesehen von gelegentlichen Beschwerden darüber, dass meine Anwesenheit ihnen lästig war. Offenbar waren sie überzeugt, dass ich Deutsch weder verstand noch sprach, und ich hatte nicht den Eindruck, dass es ihre oder meine Stimmung verbessern würde, wenn ich sie wissen ließe, dass sie sich irrten. Auch sie waren elegante Spießbürger, die Herren in dunklen Anzügen und sorgfältig rasiert, die Damen in Schwarz, blond oder sehr grauhaarig mit drei Reihen Perlen und Perlenohrringen zur Abrundung des perfekten Bildes. Falls der Aufstieg der Rechtsextremen, die kurz vor einer Koalition mit dem Establishment standen, und die Flüchtlingskrise warnende Vorzeichen waren, verstörten sie diese guten Leute nicht. Unterdessen war Tatjana zum Ende ihrer herzzerreißenden Abschiedsarie gekommen und hatte einen gebeugten Onegin ohne Hoffnung zurückgelassen. Der Vorhang senkte sich, der Applaus war frenetisch, und ich fühlte mich einen Moment lang in die Metropolitan Opera versetzt. Mir fiel ein, dass ich, wäre ich in New York, an diesem Abend in der Met hätte sein können. Wie viel Angst hätte ich in den Gesichtern meiner New Yorker Mitbürger gelesen, die wie ich Clintons Streitgespräche mit Trump verfolgt hatten?

Am Samstag, meinem letzten Abend in Wien, ging ich zum Dinner mit einem deutlich jüngeren Kollegen, einem ehemaligen politischen Reporter und jetzigen Redakteur beim Wiener *Kurier*, mit dem ich mich angefreundet hatte. 1986 und 87 hatten wir zusammengearbeitet, beim Bericht über die Waldheim-Affäre, die Empörung über die nicht offengelegten oder sogar vertuschten Fakten seiner Vergangenheit als Offizier in einer Einheit der deutschen Wehrmacht, die Kriegsverbrechen auf dem Balkan begangen hatte, diese Empörung, die darin gipfelte, dass er von den Vereinigten Staaten zur *persona non grata* erklärt wurde, obwohl er amtierender Bundespräsident Österreichs war und zwei Amtszeiten als Generalsekretär der Vereinten Nationen fungiert hatte. Ein pikanter oder beunruhigender Aspekt dieser beklagenswerten Angelegenheit war die Reaktion einer soliden Mehrheit der österreichischen Öffentlichkeit: Sie blieb gleichgültig, als Waldheims Vergangenheit bekannt wurde, gleichgültig gegenüber der Möglichkeit, dass die Geheimdienste der USA, Großbritanniens, der Sowjetunion und Israels weggesehen hatten, als Waldheim zum Kandidaten für das Amt des Generalsekretärs der UN wurde, gleichgültig, als in Österreich, provoziert durch die aggressive Rolle, die der WJC, der Jüdische Weltkongress, bei der Offenlegung von Waldheims Vergangenheit gespielt hatte, Antisemitismus aufbrandete. An diese bizarre Geschichte erinnerten wir uns bei Räucherforelle, Tafelspitz, Wiener Schnitzel, Kaiserschmarrn und reichlich Sangiovese – als ich österreichischen Rotwein vorschlug, rümpfte mein Freund die Nase.

Halb im Ernst nickte er und sagte: Ein seltsames Ländchen, mein geliebtes Österreich. Es geht uns so gut wie seit Franz-Joseph nicht mehr, aber ein Riss geht mitten durch das Land. Nein, vielleicht nicht mittendurch. Das mag übertrieben sein. Aber fast die Hälfte von uns möchte das *Reich* wiederhaben. Das Reich ohne Krieg, aber auch ohne die Türken, die Migranten und alle anderen Beschmutzer unseres Heimatbodens. Du kannst froh sein, in den USA zu leben. Denn Clinton wird diesen Clown besiegen. Das ist doch klar, oder?

Die Umfragen behaupten es, erwiderte ich. Ich hoffe, sie liegen richtig.

Während wir in der Roten Bar waren, hatte ich mein Handy stumm geschaltet. Wieder in meinem Zimmer, sah ich, dass Jeanne mir eine Textnachricht geschickt hatte. Ruf mich zurück – jederzeit. Nun hatte ich auch ihre Handynummer, die ich vorher nicht gewusst hatte.

Es war halb zwölf, nicht ungehörig spät. Und wenn sie zu Bett gegangen war, würde sie sowieso in ihrem eigenen Schlafzimmer sein. Sie war sofort am Apparat. *Enfin, c'est toi.*

Ich erzählte ihr, dass ich mit einem österreichischen Journalistenkollegen beim Dinner über die Zeit unserer Zusammenarbeit geredet hatte. Am Ende sei er sehr ernst geworden und sehr besorgt über den Rechtsruck der österreichischen Politik. Das interessierte sie überhaupt nicht.

Hugo, sagte sie, ich verstehe, dass du zur Wahl gehen

musst. Die ist am 8. November, ich habe nachgesehen. Warum musst du denn vor dem 7. November in New York sein? Warum bleibst du nicht in Paris?

Mein Liebes, ich habe dir erklärt, dass ich am einunddreißigsten Oktober zurück sein muss. Da habe ich einen Termin, den ich wirklich nicht verpassen darf. Es ist kein Spaß, nichts, was ich wirklich möchte. Ich muss ihn aber wahrnehmen.

Ich konnte hören, wie sie einen Schmollmund machte.

Und du willst mir nicht sagen, worum es geht?

Es ist eine lange, langweilige und unangenehme Geschichte. Sicher keine, die du am Telefon kurz vor dem Einschlafen hören möchtest.

Ich merkte, dass ich den falschen Ton anschlug, aber ich wusste es nicht besser.

Na gut. Und wann kommst du morgen in Paris an?

Wenn der Verkehr nicht schlimmer ist als normal, müsste ich um acht Uhr in meinem Hotel sein.

Dann lade mich morgen bitte zum Dinner um neun Uhr ein. Und am Montag auch. Ich möchte jede Minute von deiner Zeit haben.

Im Joséphine?, fragte ich.

Das ist vielleicht am Sonntag geschlossen. Gehen wir ins Lipp. Es ist in der Nähe deines Hotels. Und bitte denk nochmal über diesen geheimnisvollen Termin nach. Ist er wirklich nötig?

Natürlich war er nicht nötig. Das Beobachten und Abwarten der Entwicklung meiner Prostata hatte Zeit. Ich konnte Dr. Klein anrufen und ihm erklären, ich werde in Europa festgehalten, angebunden geradezu, und ihn um einen neuen Termin bitten? War mir wirklich wichtig, was diese Zellen machten? Wenn sie gar nichts taten oder sich einfach friedlich in dieser Drüse vermehrten, war's gut. Wenn sie wirklich ausgebrochen waren und sich in Stellung brachten, um von diesem oder jenem Organ aufgenommen zu werden, war es viel weniger günstig. Dann gab es noch den Zwischenzustand, dass sie sich stark vermehrt hatten und gerade noch innerhalb dieser elenden Drüse blieben, aber so, dass der gute Doktor das unmittelbare Bevorstehen der Invasion ankündigte. Wenn sie sich ruhig verhielten, war alles einfach: Wir tun nichts. In den beiden anderen Fällen würde er zweifellos wollen, dass ich dem Behandlungsbeginn zustimmte. Bestrahlung, wette ich. Auch würde er vermutlich sagen, die Wahrscheinlichkeit, dass die Behandlung Inkontinenz auslöse, gehe gegen null oder sei gleich null, und dass sie Impotenz zur Folge habe, sei nicht auszuschließen. Das führte zu zwei interessanten Fragen: Machte es mir etwas aus? Würde es Jeanne etwas ausmachen – nur einmal angenommen, dass sie mich alles in allem auf einer Teilzeitbasis gern wieder nehmen würde und dass ich bereit wäre, ihr »Monsieur« zu werden und auf dem Sofa in ihrer Bibliothek oder in der Garçonnière, die ich mir besorgen würde, Liebe mit ihr zu machen? Liebe machen, schloss das notwendig Erektion und Penetration ein? Sehr wahrscheinlich nicht, wenn ich aus meinen jüngsten Erfahrungen etwas gelernt hatte. Der Blowjob, den sie mir so wunderbar verpasst hatte, hatte doch sicherlich mir Lust verschaffen sollen, meinte ich. Dass die Sache ihr viel brachte, konnte ich nicht glauben. Wenn diese Spekulationen irgendwohin führten, dann vielleicht zu dem Schluss, dass der Schutz meines kostbaren Erektionsvermögens nicht unbedingt nötig war – da dieses Vermögen im Übrigen auch ohne Bestrahlung nicht beliebig lange erhalten bliebe – und dass ich deshalb meine Verabredung mit dem Arzt auf jeden Fall einhalten sollte, damit diese Zellen ordentlich in Schach gehalten wurden. Aber eine Stimme, die sich nicht zum Schweigen bringen ließ, flüsterte mir die ganze Zeit ein, dass all das Unfug sei und dass die wahre Heilung nicht der Röntgenapparat bringe, sondern der Stoff, den der letzte Doktor, der, den ich in Zürich aufsuchen würde, in meine Venen spritzen werde.

Ein einziger Single-Malt-Whisky fand sich in der Minibar. Ich trank ihn, und die vorläufige Lösung zeichnete sich ab. Ich würde in den nächsten paar Tagen eine möglichst glückliche Zeit mit Jeanne verbringen und meine Verabredung am Ende des Monats einhalten. Aus welchem Grund? Das wusste ich nicht.

Ich reservierte telefonisch einen Tisch im Lipp, nicht, weil ich kein Vertrauen in Monsieur Gilles' guten Willen hatte, sondern weil ich ihm nicht zu viel zumuten wollte, nicht an einem Sonntag zur Spitzenzeit. Als Jeanne eintraf, führte er sie mit einem tief zufriedenen Lächeln an meinen Tisch, machte eine kleine Verbeugung und murmelte, empfehlen Sie mich Monsieur le comte.

Hubert ist immer hierhergekommen, kommentierte sie und bot mir die Lippen zum Kuss. Diesmal trug sie ein schwarzes Kleid mit weitem Rock, das nicht nach

Saint Laurent aussah. Valentino, sagte sie lachend, als er noch gut war.

Ich war unsagbar glücklich, mit ihr zusammen zu sein.

Die Logistik der Essensbestellung, der Friede, der mit dem ersten Champagner und Gin Martini einkehrte, dauerte jedoch nur kurz, da Jeanne wieder wissen wollte, wie notwendig es sei, dass ich meinen Termin einhielt. Ich hatte schon damit gerechnet, dass sie davon anfangen würde, und mir vorgenommen, ihr nicht auszuweichen. Ich informierte sie, so gut und so nüchtern ich konnte, über die Art und den Grund des Termins und sagte ihr, wie das, was gerade zwischen ihr und mir geschah, mich zu neuem Nachdenken über den Arztbesuch gebracht hatte. Wieder sah ich Tränen an ihrer Nase entlangrollen. Sie weinte lautlos.

Jeanne, flüsterte ich, bitte hör auf. Ich bin ein alter Mann. Mach keine Tragödie aus diesem Kram. Ich tu's auch nicht. Ich habe es dir gesagt, weil du darauf bestanden hast und weil ich fair sein wollte.

Ja, sagte sie. Das war richtig. Ich will auch etwas sagen. Es ist nicht nötig, dass du ihn meisterst. Nötig ist, dass du unter den einzigen Konditionen, die jetzt möglich sind, leben und mit mir zusammen sein willst.

Der Rest des Abends – der Teil, der sich auf dem Sofa abspielte – und die folgenden Abende hatten eine bizarre Ähnlichkeit mit dem ersten Abend, nur dass sie noch leidenschaftlicher war. In der Nacht vor meiner Abreise gab es jedoch einen Unterschied. Sie wollte, dass ich sie nahm, in ihr kam.

Hier?, fragte ich, soll ich mich hier ausziehen? Nein,

flüsterte sie, zieh dich nicht aus, lass nur die Hosen herunter, ich möchte den rauen Stoff innen an meinen Beinen spüren.

Ich hatte Glück. Ich funktionierte. Danach lag sie in meinen Armen und sagte, ihre Brüste schmerzten vor Verlangen, gestreichelt zu werden.

Am nächsten Morgen schickte ich ihr wieder eine Orchidee, eine, die ich noch wunderbarer fand, lud sie aber nicht zum Lunch ein. Ich dachte, wenn ich sie sähe, käme mir womöglich die Willenskraft abhanden, die ich brauchte, um ins Flugzeug zu steigen.

XI

Es war nicht schlecht, wieder in der Stadt zu sein, mit Rod in unserem Club zu Mittag zu essen, mir von Mrs. Perez die neuen Kümmernisse mit ihrem Mann, dem Zimmermann, erzählen zu lassen, der trotz Abriss- und Renovierungsboom in der Stadt anscheinend jede zweite Woche arbeitslos war. Insgeheim war ich dankbar, dass der Mann von seinen Chefs nicht dauerhaft beschäftigt wurde. Ich war nämlich überzeugt, dass dies der Grund für Mrs. Perez' vorbildliche Arbeitsmoral war, die nur durch ihre Monatsbeschwerden ins Wanken kam. Rod berichtete von einem Aufschwung seiner Kanzlei, der ihre und seine eigenen anrechenbaren Stunden vermehre. Das war eine sehr gute Nachricht. Trotzdem drängte ihn Carla, die Stelle anzunehmen, mit der ihn die größte niederländische Versicherungsgesellschaft anlocken wollte: die Position eines Leiters ihrer Rechtsabteilung in den USA, mit der Aussicht auf eine höhere Position in der Geschäftsführung. Zunächst wäre sein Gehalt niedriger, aber das Einkommen würde sich von Jahr zu Jahr erhöhen, unabhängig von den Höhen und Tiefen des Marktes der Fusionen und Übernahmen, und die Vorteile, ein Ruhestandsgeld eingeschlossen, waren nicht zu überbieten. Ich war dankbar für diese günstige, wenn auch nicht brillante Entwicklung in Rods Berufsleben und vor allem dafür, dass er mir nichts vorspiegeln musste, wenn wir zusammen waren. Er fragte mich, was ich davon hielt. Ich sagte ihm die Wahrheit, dass ich immer eher die Freibeuterseite des Anwaltslebens geschätzt hätte, mein eigener Herr sein wollte und so weiter, dass das Bild in meinem Kopf aber wohl traurig überholt sei. Falls es je gestimmt habe oder auch nur teilweise richtig gewesen sei und wenn das, was dieses Bild darstelle, nicht seinen Wünschen entspreche, dann würde ich mich an seiner Stelle ohnehin an Carlas Rat halten. Sie ist eine kluge Frau, fügte ich hinzu.

Während ich so redete, merkte ich, was für ein Langweiler ich war. Ein fürchterlicher Langweiler. Vielleicht war das der Grund dafür, dass meine Beziehung zu den Kindern so war, wie sie war. Aber ich konnte es nicht ändern. Ich sei eben so geboren, hätte Valerie gesagt. Wunderbarerweise schien es Rod nicht zu stören. Er nickte, ganz ernst, und sagte mir, ich hätte in beiden Punkten recht. Seinen lieben Partnern alles Gute und Lebewohl zu wünschen und selbst Mandant zu werden, dafür spreche allerhand. Das machte mir Mut und ich wagte eine Frage: Wie geht es Barbara? Ihr müsst ja in Kontakt miteinander sein.

Wer weiß?, antwortete er. Sie und der Doktor streiten sich viel. Das hat eine der Töchter Carla erzählt.

Ich ging bis zum Grand Central mit ihm, dann stieg er in seine U-Bahn. Ich nahm ein Taxi. Ich würde ungefähr fünfzehn Minuten vor der Zeit zur Blutabnahme in der Praxis sein, die meiner Besprechung mit dem Urologen vorausging, aber das war in Ordnung. Ich konnte die Wartezeit damit füllen, dass ich etwas Lehrreiches las, zum Beispiel *Men's Health*. Mit meinen Überlegungen hatte ich den Nagel auf den Kopf getroffen. Die Drüse ist größer geworden, aber noch nicht hart, sagte Dr. Klein mir, und es ist gut, dass Sie keine Symptome haben. Warten wir die PSA-Ergebnisse ab. Die werden wir am nächsten Montag haben, also am siebten. Einen Tag vor der Wahl. Hoffen wir, dass sie uns gefallen und dass uns gefällt, was wir am Tag danach erfahren. Bis bald, es ist mir eine Freude.

Als ich zu Hause war, entdeckte ich, dass Jeanne zum E-Mail-Schreiben übergegangen war. Ihre Nachricht war kurz: Wie lief es? *Je t'adore.*

Halb elf Uhr abends in Paris. Um zehn Uhr hatte sie die Mail geschickt. Sie war sicher allein. Ich rief sie auf dem Handy an. Es musste auf ihrem Nachttisch gelegen haben – aus irgendeinem Grund nahm ich an, sie sei zu Bett gegangen –, und ich glaube, es hat nicht ein einziges Mal geklingelt, bevor sie sich meldete.

Sag mir, wie es lief, Hugo, Lieber! Ich hatte den ganzen Tag Angst.

Nicht schlimm, beruhigte ich sie. Das Übliche. Wir müssen abwarten, was die Blutuntersuchung ergibt. Der Doktor sagte: Kommen Sie in einer Woche wieder, und wir reden darüber. Wirklich Jeanne, mach dir keine Sorgen um diese Sache. Es ist, wie ich dir erklärt habe. Alle Ergebnisse sind möglich, und ich bin bereit, hinzunehmen, was immer sich ergibt.

Du vielleicht, aber ich nicht, feuerte sie zurück. Niemand, dem du wichtig bist, kann dazu bereit sein.

Ich entschuldigte mich sofort für meine übertriebene Nüchternheit und sagte, wenn sie sich über etwas tatsächlich Besorgniserregendes Sorgen machen wolle, dann über das, was uns unmittelbar bevorstehe und uns ins Gesicht starre. Nämlich die Wahl in den USA.

Du bist *vraiment con*, wirklich ein Idiot, erwiderte sie und legte auf.

In meiner Mailbox war noch eine andere Nachricht, von Mark und Edie Horowitz. Bitte, ruf an! Wir geben in der Wahlnacht eine Party. Du musst kommen!

Ein *Three-Alarm*, ein mittelscharfes Texas-Chili, stand bei den Horowitz auf der Speisekarte, die Gäste waren keine Überraschung. Mark umarmte mich ungestüm und brüllte, um den Lärm zu übertönen: Auf der letzten Wahlparty wurde uns, dir und mir, ganz schlecht, als das Monster Ted Cruz seine Kandidatur bekannt gab. Der muss uns keine Sorgen mehr machen. Wie gut Boehner es auf den Punkt gebracht hat: der leibhaftige Luzifer. Und nach heute Nacht muss uns auch der orangegelbe Clown keinen Kummer mehr machen. Der Mülleimer der Geschichte!

Er gab wieder, was die Leitartikel der *NYT*, seines alten Mutterschiffes, meinten, und in den Gesichtern um mich herum sah ich Zeichen des gleichen Zutrauens. Wir waren gekommen, um einer Krönung zuzuschauen. Einer Krönung, die langsam und prosaisch voranschritt, bis die umkämpften Staaten einer nach dem anderen gewonnen waren und Hillarys Hauptquartier in Brooklyn in überschwänglichen Jubel ausbrach. Vielleicht, weil ich beide Clintons nicht mochte und Hillary keine überzeugende Kandidatin fand – es sei denn, dass man eine Frau als Präsidentin schon für sich genommen begrüßte –, vielleicht auch, weil das Nachdenken über meine persönliche Lage mich verstimmte, jedenfalls war ich nicht im Einklang mit meinen Kumpanen und trank mehr als gewöhnlich, um angemessenen Abstand zu den CNN-Berichten zu halten. Ziemlich früh, ich glaube, nicht viel später als zehn Uhr, hatte Trump Wisconsin und Michigan in der Tasche. Mehr brauchte ich nicht zu hören. Meiner Einschätzung nach hatte er die Wahl gewonnen, und ich blieb nicht da, um zu hören, wie der arme John Podesta die Niederlage im Namen seiner Kandidatin eingestand, oder die Unterstellung, dass die Kandidatin zu betrunken sei, um selbst das Wort zu ergreifen, oder Trumps scheinheilige Siegesrede.

Ich ging nach Hause, goss mir einen gewaltigen Bourbon ein, beschloss, ihn pur zu trinken, und las mir noch einmal die E-Mail durch, die ich am Abend davor an Jeanne geschickt hatte.

Mein Liebling, hatte ich geschrieben, *rien n'est simple et tout se complique,* nichts ist einfach und alles kommt durcheinander, das sagen die Franzosen gern. Der Doktor sagte, dass mein PSA-Wert – ein Indikator, über den der Bluttest Auskunft gibt – ausgerissen, das heißt viel zu hoch ist. Das heißt nicht, dass die Krebszellen von der Prostata auf andere Organe übergegriffen haben. Aber unter diesen Umständen, sagt der Arzt, kann er meine Entscheidung, das Beobachten und Warten einer Behandlung vorzuziehen, nicht mehr billigen. Die Behandlung würde in einer intensiven Bestrahlung bestehen. Was heißt intensiv? Das würde der auf Prostatakrebs spezialisierte Radiologe entscheiden. Dr. Klein meint, es bedeutet wahrscheinlich eine Bestrahlung, die vier bis sechs Wochen lang fünf- bis sechsmal pro Woche durchgeführt wird. Er würde die Behandlung gern sofort beginnen lassen. Inkontinenz ist sehr unwahrscheinlich, versichert er mir. Impotenz als Folge der Bestrahlung kann nicht ausgeschlossen werden.

Wenn ich nicht brav bin, mich nicht behandeln lasse, und wenn der Krebs streut, kann es gut sein, dass die Metastasen sich nicht durch chirurgische Eingriffe, durch Bestrahlung oder Chemotherapie beseitigen lassen. Metastasierte Krebsarten sind oft quälend schmerzhaft und sprechen nicht immer auf schmerzstillende Medikamente an, sagte er warnend. Natürlich würde er in den nächsten Tagen gern einen Blick in mein Inneres werfen, um nachzusehen, was sich dort jetzt tut.

Sie meinen einen Gang den Rectum Boulevard hinab?, hatte ich gefragt, im Glauben, das würde ihn zum Lachen bringen. Er lachte nicht. Er fragte ziemlich unwirsch, ob seine Sekretärin für mich einen Termin beim Radiologen machen solle.

Das muss ich mir noch überlegen, sagte ich. Darf ich mich wieder melden?

Was gibt's da zu überlegen?, fragte der gute Doktor merkwürdig entsetzt.

Zur Antwort lächelte ich und machte Churchills Siegeszeichen.

Wie du weißt, mein Liebling, habe ich lange über diese öde Geschichte nachgedacht, und ich brauchte nicht viel Zeit, um zu einem Entschluss zu kommen. Ich habe mich entschieden, dass ich die Behandlung ablehne.

Lass mich ausreden, liebste Jeanne, hier sind meine Gründe.

1. Der Krebs kann, muss aber nicht streuen, auch wenn der PSA-Wert sehr hoch ist. Er könnte ganz einfach stillstehen.

2. Die Erfolgsquote der Bestrahlung liegt nicht bei hundert Prozent. Unterziehe ich mich der Behandlung, erfahre ich womöglich in einem Monat, einem Jahr oder zweien, dass der Krebs die Knochen (das Knochenmark, genau gesagt), das Gehirn, die Leber befallen hat oder sonst ein Organ, von dem man sich wünschte, es bliebe verschont, und dass alle Metastasen von der Prostata ausgingen. Also gebe ich keine sichere Heilung auf, wenn ich die Behandlung ablehne.
3. Ich bin, vom Krebs abgesehen, kerngesund. Aber ich bin alt. Wenn der Krebs geheilt oder lange genug unterdrückt wird, werde ich mit ziemlicher Sicherheit eine andere Krankheit erwischen. Das könnte ein neuer Krebs sein. Oder ein Schlaganfall. Ich bin nicht herzkrank, aber das heißt nicht, dass mich nicht der Schlag treffen kann, das wäre für mich das Entsetzlichste, weil man dann sehr wahrscheinlich zum Pflegefall wird. Sicherlich hast du gesehen, wie schwer, vielfach und grenzenlos ein vom Schlag Getroffener gestraft sein kann. Das ist ein Leiden, das ich nicht aushalten will.
4. Der große »Vorteil« von Krebskrankheiten ist, dass man autonom bleiben kann, es sei denn, man wird durch immer mehr Behandlungen immer weiter geschwächt. Man kann selbst entscheiden, wann der Vorhang fallen soll. Man ist nicht auf das Mitleid von Kindern oder Freunden angewiesen.

Ich will versuchen, Dr. Klein zu überreden, dass er das Abwarten und Beobachten fortsetzt. Und ich hoffe das Beste. Einige Jahre, in denen ich physisch und mental nicht schlechter dran bin als jetzt.

Wie ich erwartet hatte, antwortete sie mit einer denkbar kurzen herzlichen Mail und bat mich, sie am Tag nach der Wahl um elf Uhr abends ihrer Zeit anzurufen. Wir können unser Leben nicht über E-Mails organisieren, sagte sie, als ich sie erreichte. Wann kannst du nach Paris kommen? Ich weiß, das ist viel verlangt, ich kann mir vorstellen, dass du müde bist.

Wann du willst, sagte ich, zum Beispiel morgen!

Nein, nein, komm Donnerstag oder Freitag und vergiss nicht, dass ich dich liebe.

Donnerstag, das ist eher, erwiderte ich.

Oh, und ist dein Hotel angenehm? Buchst du dir ein hübsches Zimmer? Ich möchte nämlich gern mit dir zu Mittag essen, spät, damit du dich einrichten kannst, bevor wir uns treffen. Nach dem Essen komme ich dann mit in dein Hotel.

Der Tag war kalt, aber sonnig, für Paris im November untypisch. Ich nahm eine kleine Suite mit einer Terrasse, nicht, weil ich dachte, wir könnten unseren Kaffee draußen trinken, sondern weil das Schlafzimmer geräumig und lichtdurchflutet war, so wie das Wohnzimmer auch. Zum ersten Mal entkleidete sie sich ganz. Während ich sie streichelte, sah ich voller Bewunderung, wie jugendlich ihr Körper geblieben war. Nicht unverändert, aber jugendlich, ihre Haut war klar, weiß und glatt, ihr Bauch hatte ein wenig mehr Fett, ihre kleinen Brüste sahen immer noch aus wie die von Gabrielle d'Estrées auf dem Gemälde im Louvre, das sie und ihre Schwester auf einem Balkon zeigt. Als ich meine Kleider ausziehen musste, weil sie es so wollte, sah ich den Unterschied zwischen uns und schämte mich. Wie konnte sie meinen Körper angenehm finden, meinen Penis in den Mund nehmen oder in sich haben wollen? Meine Haut war überwiegend fahl, voller Warzen und verdächtiger Flecken, trocken und spröde. Ich war dünn, aber schlaff. Ich sagte nichts und wendete mich mit verdoppelter Aufmerksamkeit ihren Brüsten und ihrer Klitoris zu. Als sie meinen Kopf zu sich herunter zog, gab ich ihr mit der Erleichterung nach, die Pilger empfinden müssen, wenn sie am Ende einer langen gefahrvollen Reise das Heilige Land erreichen. Sie wollte nicht, dass ich sie nahm, noch nicht gleich, *pas tout de suite*, erst sei sie an der Reihe – sie wollte das Teenager-Zeug machen. Später lehnten wir uns zurück gegen die Kissen, die das Hotel im Überfluss lieferte.

Wäre es ganz und gar dekadent, wenn ich dich bitte, Champagner zu bestellen?

Es wäre köstlich, erwiderte ich.

In der Minibar lagen kleine Fläschchen Champagner, aber ich hatte das Gefühl, dass die Minibar für diesen Anlass nicht genug zu bieten hatte. Ich rief den Zimmerservice an und bestellte einen Laurent Perrier Rosé, den sie gern trank, vermutete ich. Das war richtig. Ich schenkte ihr nach, und als sie das Glas geleert hatte, drehte sie sich auf die Seite, legte ihr Bein über meines und sagte: Ich möchte weiter mit dir Liebe machen, aber zuerst muss ich ernsthaft mit dir reden. Über deine E-Mail und deine Entscheidung habe ich lange nachgedacht. Es ist die richtige Entscheidung, denke ich. Es geht um Autonomie. Ich habe überlegt, wie mein armer Hubert entschieden hätte. Angenommen, er hätte nicht den Verstand verloren, er wäre nicht wie ein vollkommen von mir abhängiges Kind, würde er dann weiterleben wollen? Und bedenkt man seinen Zustand, hat er großes Glück gehabt. Ich versorge ihn sehr gut, ich habe Leute ausgesucht, die ganz besonders freundlich mit ihm umgehen, er lebt in Umgebungen – am Anatole France und in unserem Haus im Poitou –, die ihm vertraut sind und die er immer geliebt hat. Ich denke mir, dass du fürchtest, deine Lage sei ungünstiger. Und ich kann nicht anders, ich muss einsehen, dass du auf eine befremdliche und brutale Weise recht hast. Bravo, Hugo, mein Liebster. Das war schon eine lange Rede. Kann ich weitermachen?

Ja, flüsterte ich.

Als du vorgeschlagen hast, dass wir, du einsam und ich einsam, einander glücklicher machen könnten, wenn du als mein ganz besonderer Freund in Paris wohnen würdest – oft und lange –, habe ich gesagt, nein, mach das nicht, denn du gehörst nicht wirklich in diese Stadt, du hast hier kein eigenes Leben außer unseren Begegnungen in deiner Garçonnière und unseren Opern-, Ballett- und sonstigen Besuchen. Oder vielleicht habe ich nur gezögert. Ich weiß es nicht mehr genau. Eines weiß ich ganz genau: Ich möchte, dass es mit uns so bleibt, wie es jetzt ist. Ich möchte dich so oft und so lange, bis wir einander leid werden. Vor allem ohne große Planung. Solange alles bleibt, wie es ist. Und wenn es so nicht mehr sein kann, bleiben wir Freunde. Die besten Freunde. *D'accord?* Und jetzt nimm mich, so heftig, wie du kannst.

Was war das? Hatte sie mir einen heimlichen Zaubertrank verabreicht, wie Zerlina in *Don Giovanni*? Ich merkte, dass ich funktionierte und dass ich ihr, ohne Zweifel wegen ihrer Liebesdienste vor dem Champagner-Zwischenspiel, einen Orgasmus nach dem andern verschaffen konnte, bis zur Erschöpfung.

Ich hatte den Champagner zurück in den Eisbehälter gestellt und schenkte uns jetzt je ein Glas ein.

Die Abmachung ist genau richtig, erklärte ich ihr nach einer kurzen Pause. Wenn du meinst, du könntest es mir sagen, wüsste ich gern, was dich zu diesem Vorschlag bewegt hat.

Sie blieb eine Weile stumm und fragte dann: Und wenn dir meine Antwort brutal vorkommt, was dann?

Das Risiko gehe ich ein, erwiderte ich.

Also gut, sagte sie, ich habe an Hubert gedacht und daran, dass ich für ihn verantwortlich bin und, wenn ich nicht sehr gut aufpasse, vielleicht auch für dich verantwortlich werden könnte. Und das würde ich nicht ertragen, glaube ich. Dafür hat niemand genug Kraft. Das ist eine von deinem Krebs unabhängige Gefahr, da du entschieden hast – und das glaube ich dir –, dich nicht von dieser Krankheit zum Invaliden machen zu lassen. Es ist dein Alter. Wie du selbst geschrieben hast, wird dich, wenn nicht die eine, dann eine andere Krankheit umbringen. Wenn du jetzt hasst, was ich gesagt habe, wenn du anfängst, mich dafür zu hassen, dann ist es eben so. Ich habe dir die Wahrheit gesagt.

Jetzt war es an mir, stumm zu sein. Dann nahm ich sie in die Arme und sagte, ich sei dabei, mich wieder Hals über Kopf in sie zu verlieben, weil sie so klug und so ehrlich sei und außerdem die beste Bettgenossin, die ich je gehabt hätte.

Ich blieb noch eine Woche in Paris, eine Woche mit gemeinsamen Mittagessen und anschließenden Stunden des Glücks in meinem Hotel. Du kannst nicht mehr, bemerkte sie, als ich am dritten Tag schlapp wie ein Putzlappen blieb. Aber das macht nichts. Das habe ich dir ja gesagt. Sie hatte recht. Ihr Vergnügen war unvermindert und meines vielleicht auch. Sie lud mich ein, über Weihnachten ein paar Tage im Poitou zu verbringen. Ich hörte das leichte Zögern in ihrer Stimme. Selbst zögerte ich keinen Augenblick. Ich sagte, wir sollten nichts Kompliziertes unternehmen. Hörbar erleichtert teilte sie mir mit, Hubert und sie würden am zehnten Januar wieder in Paris sein. In dem Fall, rief ich, käme ich ein paar Tage danach wieder nach Paris und bliebe so lange, dass ich am Tag von Trumps Amtseinführung nicht in den USA sei. Perfekt, erwiderte sie, streichelte mich dann und nahm ihre Zustimmung zurück: Das ist gegen die Abmachung, flüsterte sie, komm, wenn alles zusammenpasst, aber bitte keine Pläne, keine elaborierten Pläne. Die sind eine Falle. Den Köder möchte ich nicht schlucken.

Unsere neue Routine ließ mir freie Abende. Ich rief Jacques Legrand an und verabredete mich für den nächsten Tag zum Dinner in Paris mit ihm.

Am selben Tag rief mich gleich morgens der Redakteur der wichtigsten Züricher Tageszeitung an, für den ich kurze Artikel über Hillary und Trump geschrieben hatte. Den letzten über den Wahlnachtsschock – seine Formulierung – hatte ich ihm am Tag davor gemailt. Der Artikel habe ihm gefallen, sagte er, genau wie die anderen; er wolle mir *viva voce* erklären, wie sehr er meine

Arbeit schätze und mich bewundere, und wolle die Gelegenheit nutzen, dass wir uns ausnahmsweise in der gleichen Zeitzone aufhielten. Dann kam er zum eigentlichen Zweck des Anrufs: Ob ich alle vier bis sechs Wochen einen kurzen politischen Artikel zu einem beliebigen für mich interessanten Thema in seiner Zeitung veröffentlichen wolle?

Ich hatte Bush/Cheney abgeschlossen und kein neues Projekt. Warum nicht zusagen, dachte ich, vielleicht brauche ich irgendwann das Wohlwollen und die Hilfe dieses Mannes.

Dementsprechend sagte ich, das würde ich gern tun, ab Mitte Januar vielleicht. Wäre das früh genug?

O ja, durchaus.

Nun würde ich Sie gern um einen Gefallen bitten, fuhr ich fort. Kann ich mich auf Ihre Diskretion verlassen?

Ja, unbedingt.

Gut. Falls ich – ich weiß nicht, wie ich es beschreiben soll – sagen wir, falls ich erfahre, dass ich schwer und unheilbar krank bin, brauche ich die Hilfe eines Züricher Arztes oder einer Klinik. Würden Sie mir helfen, dann die besten Ärzte oder die beste Klinik zu finden und die nötigen Vorkehrungen zu treffen?

Lieber Herr Gardner, ich hoffe, so weit kommt es nicht, aber falls es nötig wird, können Sie sich auf mich verlassen. Hundert Prozent.

Ich dankte ihm. Das hatte ich gehofft. Ihn, wie er gesagt hatte, *viva voce* zu bitten, war einfacher gewesen, als ihm eine E-Mail zu schreiben.

Jacques und ich trafen uns im Au Petit Riche, einem für seine Ausstattung im Stil der Belle Époque und für seine traditionelle Küche bekannten Restaurant gegenüber von der Salle Drouot. Jacques war dort Stammgast geworden, als er regelmäßig zu Auktionen von alten Uhren ging, und hatte mich in das Restaurant eingeführt. Ich habe seitdem oft dort gegessen, besonders sonntags, wenn viele andere Pariser Restaurants, in denen ich gern esse, geschlossen sind.

Welche günstigen Winde bringen dich ins Hexagon?, rief er laut, und wie soll ich Lucie erklären, dass du nicht nach Bayeux gekommen bist? Ganz im Ernst, ich hoffe, es liegt nicht daran, dass du nach dem Missgeschick neulich Probleme mit dem Autofahren hast. Man kann ganz gut mit dem Zug fahren, weißt du. Das habe ich heute auch gemacht.

Ich beruhigte ihn, es sei nichts dergleichen, ich müsse in den Hamptons überallhin mit dem Auto fahren. Das ist Amerika, weißt du? Das Auto oder mein altes Fahrrad mit den drei Gängen, und den Wagen zu nehmen, kommt mir weniger gefährlich vor. Ich habe einen erfreulichen Grund zum Hiersein. Ich komme wegen Jeanne.

Wegen Jeanne! Jacques explodierte. Sie muss immer noch *une très bonne affaire* sein. Mein Glückwunsch, Alter! Warum sage ich »Alter«? Glückwunsch, Casanova, sollte ich sagen. Natürlich, sterbenslangweilig muss es dieser charmanten jungen Person sein. Jahrelang war sie zusammen mit, du weißt schon – er nannte den Namen eines französischen Akademiemitglieds –, angefangen hat die Geschichte wohl eine ganze Weile, bevor irgendjemand, Hubert und Jeanne nicht ausgenommen, bemerkte, dass Hubert dement wurde, und allgemein hieß es, die beiden seien ein sehr elegantes Paar. Der bedeutende Historiker und *la petite comtesse*! Und schon bald verlor sich der Gotha-Gatte in seiner eigenen Welt! Dann keilte *monsieur l'Académicien français* aus. Er bockte und ließ Jeanne für eine zwanzig Jahre jüngere holländische Schönheit sitzen.

Mehr wollte ich nicht hören.

Ja, sagte ich, ich kenne diese öde Geschichte in groben Zügen. Da hatte die arme Jeanne kein Glück.

Aber der bedeutende Historiker auch nicht, meinte Jacques lachend. Die junge Schönheit ließ ihn für einen stinkreichen Russen fallen!

Lass uns Essen bestellen, schlug ich vor. Wir hatten jeder einen Whisky, und ich spürte allmählich, dass es nicht vernünftig wäre, noch einen zu trinken. Was wir essen und trinken wollten, wussten wir gleich, denn wir beide kannten die Speisekarte und die Weinliste. Bitte, bringen Sie den Wein sofort, instruierte Jacques den Kellner.

America, America, stimmte Jacques an, *God shed his grace on thee* … Mit Mr. Trump wird Amerika sich verändern, ha! Der wird dem Land eine Atempause von Mr. Obama und dem zweiundzwanzigsten Jahrhundert gönnen. Du kennst die eiserne Regel: Auf jede Aktion folgt eine gleich starke Reaktion. Dein Land muss zu seinen Wurzeln zurück. Was das heißt, muss ich dir nicht vorbuchstabieren. Das Land muss sich besinnen, dass es großartig ist und seine Zeit nicht mit Entschuldigungen zu vergeuden braucht. Ihr seid das Land, das uns im

Zweiten Weltkrieg gerettet hat. Neulich haben wir den Friedhof besichtigt, auf dem die GIs begraben sind, die vorher unsere Küsten gestürmt hatten: Viele Hispanos sind nicht dabei gewesen, das brauch ich dir nicht zu erzählen, viele Schwarze auch nicht – Afroamerikaner, Verzeihung. Im Ersten Weltkrieg habt ihr es genauso gemacht. Auch damals haben nicht allzu viele Hispanos oder Schwarze das Kriegslied gesungen: »*Over there, over there, send the word, send the word over there to beware* …«

Ich war auf einmal entsetzlich müde und machte, was alle Idioten in solchen Momenten machen. Ich winkte dem Kellner, mein Glas zu füllen, leerte es und bestellte die nächste Flasche. Und ich schaute mir meinen lieben alten Freund Jacques an. Wie ich schon in Bayeux festgestellt hatte, war er verändert, aber nicht sehr. Älter geworden, ja, sagte ich mir müde, aber er hat noch das gleiche klare Profil, den gleichen feinen Mund, das gleiche Lächeln. Unverändert selbst die Kleidung, grauer Anzug, blaues Hemd, marineblaue Strickkrawatte, schwarze Schuhe, die Uniform eines Bürgers seiner Generation, eines Staatsbeamten, alles war da, alles passte. Ich lächelte ihm zu.

Er erwiderte das Lächeln und sagte: Überzeugt habe ich dich wohl nicht.

Nein, hast du nicht, antwortete ich. Trump ist ein Rassist. Das demographische Profil des Landes hat sich verändert. Ein Rassist im Weißen Haus wird unsere Probleme mit dem Rassismus verschärfen, zu großer Unruhe führen.

Du wirst merken, dass du dich irrst, erwiderte Jacques.

Ich bin alles andere als ein Rassist, meine Familie hat in den Kolonien gelebt, wir hatten großen Grundbesitz in Algier, wir wissen, wie man mit Schwarzen und Moslems auskommt. Der Schlüssel ist, dass sie die Regeln unserer Gesellschaft achten und sich an unsere Kultur anpassen müssen. Wenn sie das nicht können oder wollen, fliegen sie raus!

Aha, sagte ich. Aber heutzutage scheint dein System nicht allzu gut zu funktionieren. *Les cités*, die Slums, die steigende Kriminalität, die Terroranschläge. Ich könnte die Liste fortsetzen.

Wir werden von Schwächlingen regiert. Das wird sich ändern.

Mit der Wahl im nächsten Jahr?

Ja. Dann werden im Élysée kein Hollande und seinesgleichen mehr sitzen, sondern einer, der weiß, wie man regiert.

Wer ist das?

Natürlich Fillon. Ein Katholik, ein echter Franzose, ein Mann mit einer Vision: Frankreich den Franzosen! Du wirst schon sehen.

Jacques hätte sicher ein zum Anlass passendes Sprichwort gewusst. Vielleicht *il ne faut pas vendre la peau de l'ours avant l'avoir tué.* Man soll das Fell des Bären nicht verteilen, bevor er erlegt ist. Als Monate später immer neue Machenschaften Fillons zur eigenen Bereicherung bekannt wurden und zum unrühmlichen Ende seiner Kandidatur führten, konnte ich mir eine gewisse Befriedigung nicht verkneifen.

Das lag in der Zukunft.

An jenem Abend im Le Petit Riche fiel mir wieder ein,

dass Jeanne mir erzählt hatte, er sei nach rechts außen gerückt, und dass es mich nicht überraschte. Seine Onkel standen für *Algérie française*, sie waren Revanchisten, die De Gaulle seinen angeblichen Betrug an den französischen *colons,* den Kolonisten, nicht verzeihen konnten, da sie Algerien für ihr Land hielten und den Frieden verachteten, den er mit algerischen Revolutionären geschlossen hatte. Ich nehme an, Jacques war für Pompidou und dann für Giscard d'Estaing gewesen. Über solche Themen hatten wir nie wirklich geredet, da war ich mir fast sicher. Politik und politische Analysen waren mein Beruf, und ich hatte wenig Interesse, darüber mit jemandem zu diskutieren, der kein Profi war.

Ich hatte noch drei Nachmittage mit Jeanne. Ich fragte mich, ob ich in sie verliebt war und ob sie sich die gleiche Frage stellte. Wir hielten uns jedoch an unseren Pakt, der strikt verbot, Ernst aufkommen zu lassen und Pläne zu machen. Aber als ich Paris verließ, hoffte ich dennoch, dass der Plan, den sie abgelehnt hatte, meine Rückkehr nach Paris im Januar, am Ende Wirklichkeit würde.

XII

Mein abwartend beobachtender Urologe – ob ich Dr. Klein als meinen Urologen oder Onkologen bezeichnen sollte, ist mir noch nicht klar – schien auch ein Auge auf mein Kommen und Gehen zu haben. Einen Tag nach meiner Ankunft in New York erhielt ich von der Klinik eine E-Mail mit der Aufforderung, mich auf ihrer Webseite einzuloggen, um eine Nachricht von Dr. Klein zu lesen. Ob ich meinen Benutzernamen und mein Kennwort wisse? Nein, wusste ich nicht, aber ich hatte die Seite der Klinik aufgefordert, beide zu speichern. Erleichtert, dass ich nicht verpflichtet war, die Verrenkungen durchzuführen, die nötig waren, um erst die eine, dann die andere Angabe wiederherzustellen, kam ich zum Nachrichtenzentrum, oder wie immer es hieß, und erfuhr, dass ich die Sekretärin des Arztes anrufen und mir einen Termin geben lassen solle. Ich tat wie geheißen und wurde von der Dame informiert, dass ich mich am nächsten Tag um acht Uhr dreißig in der Klinik einfinden solle. Der Griesgram in mir wünschte zu fragen, warum die Klinik es für nötig befunden habe, mir eine E-Mail zu schicken, die mich zwang, mich zu ihrer Webseite durchzukämpfen, obwohl ein Anruf bei mir genügt hätte und mir Zeit und zwanzig Minuten unnötiger Irritation erspart hätte. Ich brachte den alten Kerl zum Schweigen. Die Sekretärin war eine nette Dame; nicht sie, sondern ein paar hochbezahlte Computerfreaks in der Abteilung für Internettechnik der Klinik hatten dieses idiotische System erfunden, und mein Eigeninteresse forderte, dass ich auf gutem Fuß mit ihr blieb.

Es kam, wie ich schon halb erwartet hatte: Der Doktor war im Begriff, das vorzunehmen, was er so höflich eine Prozedur nannte! Als er meine Überraschung bemerkte, fragte er, ob man mir nicht gesagt habe, dass wir diese heute Morgen durchführen würden. Nein, aber das war in Ordnung, die Army hatte mich viele nützliche Maximen gelehrt, »*kämpf nicht gegen das Problem an*« war eine davon. Ob ich eine Betäubung wünsche? Eigentlich nicht, fangen wir an!

Nachdem ich mich im Anschluss ausgeruht und einen Feigenkeks und Cranberrysaft zu mir genommen hatte, erläuterte der Doktor seine Befunde.

Keine Anzeichen für Metastasen, erklärte er mir, aber das muss ich anhand der Aufnahmen, die wir gemacht haben, genauer prüfen. Was ich jetzt sage, beruht nur auf dem, was ich während der Prozedur auf dem Bildschirm gesehen habe.

Ah ja, ich hatte ihn aus dem Augenwinkel beobachtet, wie er Gesichter schnitt und vor sich hin summte, während er auf den Schirm starrte und die Bewegungen des torpedoartigen Gegenstandes lenkte, den er in mir hin und her schob.

Das heißt nicht, dass Sie hurra rufen und nichts tun sollten, Hugo, fuhr er fort. Wenn Sie nichts tun, stehen die Chancen schlecht für Sie. Wenn Sie mit der Behandlung jetzt anfangen, kann Ihr Krebs geheilt werden. Wie sieht es aus, Hugo?

Der Mann war mir sympathisch geworden, und ich wollte ihn nicht vor den Kopf stoßen und nicht den Anschein erwecken, ich würde seinen Rat nicht ernst nehmen. Das erste Risiko war gering, merkte ich. Das zweite war nicht zu vermeiden. Ich hatte mich entschieden.

Sie haben alles ausgezeichnet erklärt, sagte ich, und dafür bin ich sehr dankbar, aber ich möchte mich wirklich nicht auf eine Radiotherapie einlassen. Meine Heilung könnte das Vorspiel zu anderen Krankheiten und neuen Dilemmata sein. Würfeln wir. Wir wissen beide, dass es, egal was wir tun, immer an der gleichen Stelle endet.

Entschuldigen Sie, Hugo, aber das ist nihilistischer Quark. Warum sagen Sie nicht gleich, dass Sie das Leben leid sind und Selbstmord begehen möchten?

Ich hätte den Kopf schütteln, ihm danken und nach Hause gehen können, aber ich hatte das Bedürfnis, mich verständlich zu machen. Dass er meinte, ich sei verrückt oder respektlos, wollte ich wirklich nicht.

Weil es einfach nicht wahr ist, erwiderte ich. Bitte machen Sie sich keine Sorgen. Ich bin nicht lebensmüde. Ich liebe das Leben, auch wenn ich einsam und oft unglücklich bin. Aber ich möchte nach meinen eigenen Maßstäben leben. Das heißt, denk- und urteilsfähig sein, mich ohne Rollator oder Rollstuhl bewegen können. Chronische Kreuzschmerzen und die Beschwerden in dem einen oder anderen Gelenk, die kommen und gehen, bin ich gewohnt, aber mit starken Schmerzen möchte ich nicht leben. Hört sich das nicht sinnvoll an?

Er würdigte mich keiner Antwort.

In dem koscheren Restaurant ein paar Blocks nördlich der Klinik aß ich ein unverschämt großes Roggenbrot mit scharfgewürztem Pastrami und trank ein Bier. Das war eine Leckerei, auf die ich mich freute, nach jedem Termin bei Dr. Klein oder dem reizenden Arzt, der Steroide in die Nähe meines Rückgrats pumpte. Halb drei Uhr nachmittags. Ich rief Gloria an, die sich um mein Haus in Bridgehampton kümmerte, sagte ihr Bescheid, dass ich aufs Land führe, und bat sie, das Haus zu öffnen, die Heizung auf zwanzig Grad zu drehen und Orangensaft, Brot, Butter und Eier zu besorgen und in den Kühlschrank zu stellen.

Als ich am nächsten Morgen aufwachte, glaubte ich, noch immer in einem lange vergessenen glücklichen Traum verloren zu sein. Gloria war fleißig gewesen, hatte Möbel gewachst, Bücher entstaubt und in allen Ritzen und Winkeln Staub gesaugt. Das Haus roch sehr gut. Der Tag war kalt und sonnig. Nach dem Frühstück streifte ich durch den Garten. Er war perfekt aufgeräumt, wie das Haus, alles sauber geharkt und auf den Winter vorbereitet. Telefon und Internet funktionierten. Statt auszugehen und die Zeitung in Bridgehampton zu kaufen, las ich die Presseberichte auf meinem Laptop. Der schlechte Traum, der Albtraum, aus dem es kein Erwachen gab, war Realität. Ich hatte vorgehabt, zum Lunch in die Candy Kitchen zu gehen, änderte meine Meinung aber. Es war zu gemütlich im Haus. Ich aß Rührei, spülte das Essen mit einer halben Flasche Chianti hinunter und war Gloria dankbar, dass sie unaufgefordert Trauben und McIntosh-Äpfel gekauft hatte. Der Abwasch konnte warten. Mein Mittagsschlaf nicht. Ich ging ins Schlafzimmer hinauf, putzte mir die Zähne, zog mich aus und kroch unter die Bettdecke. Ich hatte Glück, dass ich ein so schönes Haus besaß, voller Gegenstände, die ich liebte, dass ich nach vielen Wochen wieder dorthin zurückkommen konnte und alles vorfand, wie es sein sollte, ohne dass je eine unangenehme Überraschung auf mich wartete. Der Abschied von dem Haus würde mir schwerfallen.

Das Telefon klingelte kurz vor neun und weckte mich. Sonst hätte ich vielleicht durchgeschlafen bis zum Morgen oder so lange, wie es nächtliche Beinkrämpfe und Harndrang zuließen. Es war Roddy.

Ich bin froh, dass ich dich erreiche, Dad, sagte er, du hast ein paar Nachrichten hinterlassen und gesagt, du würdest zurückrufen, das hast du aber nicht getan. Jedenfalls bist du wieder da. Hattest du es gut? Alles in Ordnung mit dir? Warum hast du nicht zurückgerufen wie versprochen?

So viele Fragen! Zurückgerufen habe ich nicht, erstens, weil ich dachte, dass du sehr beschäftigt bist, und dann beschlossen habe, zu warten, dass du anrufst, wenn du Zeit hast. Ja, ich bin wieder da. Ja, ich hatte es gut. Es geht mir nicht schlecht, aber ich bin todmüde. Was für eine Entdeckung!

Du solltest Schlaf nachholen. Jetlag!

Ich habe geschlafen. Und wenn wir auflegen, schlafe ich vielleicht weiter. Aber erst möchte ich hören, was es Neues gibt.

Er erzählte mir, dass der neue Job sich gut anließ – bis jetzt –, dass die Kollegen nett, sein Büro komfortabel sei. Er sei froh über den Wechsel. Carla und den Kindern gehe es gut. Thanksgiving hätten sie mit Mom gefeiert, die ganze Bande. Ein großer Spaß.

Das höre ich gern, sagte ich, und fragte nach Barbara.

Wie immer, sagte er. Regt sich schrecklich auf, dass der Countryclub neuerdings billige Teilmitgliedschaften anbietet. Ganz außer sich ist sie. Dr. De Graff kam mit ihr. An dieser Front ist anscheinend alles ruhig, den Eindruck hatte ich jedenfalls. Ehrlich, Dad, deine Tochter, meine Schwester, wird nicht gescheiter. Vielleicht ist irgendwas Verkehrtes im Wasser von Wellesley. Moms selbsternannter Champion! Eine Countryclub-Betriebsnudel! Wann kommst du wieder in die Stadt? Ich würde dich gern sehen. Oder vielleicht möchtest du herüberkommen und mit Carla und den Kindern essen? Das wäre toll, besonders, wenn du es am Wochenende einrichten kannst.

Das ist seit langem die beste Idee, die ich gehört habe, erwiderte ich. Ich gebe dir Bescheid wegen des Wochenendes.

Viertel nach neun. Das Gespräch hatte mich aufgeheitert, und ich war hungrig. Wahrscheinlich war es zu spät, in Sag Harbor zum Dinner zu gehen. Ich fuhr nach Bridgehampton, fand einen Parkplatz und bekam einen Tisch im Steakhaus an der Hauptstraße. Der Lärm hätte jeden Versuch einer Unterhaltung unmöglich gemacht, aber ich wollte mit niemandem reden. Alles, was ich wollte, war ein nur leicht angebratener Hamburger und Rotwein. Beide stellten mich zufrieden, aber es dauerte lange, bis sie serviert wurden. Während ich wartete und an einem Bourbon auf Eis nippte, dachte ich noch einmal über mein letztes Gespräch mit dem Urologen nach. Ich liebe das Leben, hatte ich ihm erklärt. Stimmte das? Wie immer, wenn ich seit Valeries Abschied über mein Leben im Großen und Ganzen nachdachte, drängten sich mir zwei große Kümmernisse auf. Erstens der Kummer, Nacht für Nacht allein im Bett zu liegen und an die vielen Jahre zu denken, da ich Valerie vor dem Einschlafen und nach dem Aufwachen gestreichelt hatte, immer im Glauben, dass sie mich genauso gernhatte oder liebte, wie ich sie liebte. Nicht so sehr, weil ich den Sex vermisst hätte, obwohl ich den sehr gern fortgesetzt hätte, sondern vor allem, weil sie nicht mehr da war, trauerte ich. Zweitens Kummer über mein Versagen als Vater und Großvater. Rod und ich kamen ungefähr so gut miteinander aus wie mein Vater und ich: freundliche, aber nicht eigentlich liebevolle Begegnungen und das Gefühl, dass ich mich in einer Notlage auf ihn verlassen konnte. Dass er auf mich zählen konnte, war selbstverständlich. Barbara? Ihr Benehmen verwirrte mich, ich konnte mich nicht erinnern, wann oder mit welcher Handlung oder Unterlassung ich sie dermaßen gekränkt hatte. Konnte ich es irgendwie wieder gutmachen? Das bezweifelte ich. Falls es ein Heilmittel gab, würde Rod es kennen, und er hätte mir bestimmt gesagt, was zu tun sei. Vielleicht war sie besessen. Ich konnte mir vorstellen, wie einer oder mehrere unserer puritanischen Vorfahren, die am Ende des siebzehnten Jahrhunderts Siedler an der North Shore der Massachusetts Bay Colony gewesen waren, mit einem knochigen, krummen Finger auf sie zeigten und wisperten: Oh, das arme Geschöpf wird vom Bösen in den Wahnsinn getrieben. Was mit meinen Enkelinnen geschehen war, glaubte ich zu verstehen.

Barbaras hysterischer – kein anderes Wort passte – Zorn auf mich machte mir Beziehungen zu ihren Kindern so gut wie unmöglich. Dazu kam, dass Valerie eine hyperaktive Großmutter war. Auch als wir noch zusammen waren, hatte sie mir keinen Raum gelassen und keine Rolle gegönnt. Jetzt, da ich allein war, wusste ich nicht, wie ich mir eine schaffen sollte. Vielleicht ließ sich das ändern.

Nun kam der Wein. Ich hatte einen Napa Valley Syrah bestellt. Der Kellner entkorkte die Flasche. Ich kostete und sagte: Bitte, schenken Sie ein. Nein, ich wurde nicht betrunken oder gar high, aber ein unbestreitbares Glücksgefühl überkam mich. Ich hatte den Arzt nicht angelogen. In meinem Hauptbuch fanden sich Seiten über Seiten, auf denen nichts als Freuden und Annehmlichkeiten eingetragen waren. Was für Freuden? Eine bescheidene, nicht mit großartigen Kenntnissen oder Ambitionen verbundene Liebe zur Natur. Ganz einfach Freude an meinem Garten, an dem Lebenswillen und der herkulischen Kraft bestimmter blühender Büsche, vor allem Rhododendren; an den begeisterten Besuchen der Goldfinken und Kardinäle im Vogelhäuschen, Wanderungen an den Atlantikstränden in Bridgehampton und Sagaponack, an Erinnerungen daran, wie ich in die Brandung eingetaucht war, an das Schreiben, wenn es gut läuft, an bestimmte Bücher und Opern, und, sehr zuverlässig, an gutes Essen und Trinken. *Die besten Dinge im Leben sind gratis* … Nein, in meinem Fall kosteten sie eine ganze Menge Geld, aber ich dachte, daran würde es mir nicht fehlen, ganz gleich, was diese außer Rand und Band geratenden Zellen anstellten, bevor die gefürchtete Schere mir den dünnen Lebensfaden kappte. Wenn diese kajolenden Krebszellen (die Alliteration brachte mich zum Lachen) eine Spur Freundlichkeit besaßen und wussten, was für Roddy und Barbara gut war, würden sie bestimmt bald einen Gang zulegen!

Ich beschloss, Kaffee zu Hause zu trinken, bat um die Rechnung, zahlte und stieg ins Auto. Du bist ein komischer Kauz, sagte eine Stimme. Du bist glücklich, genauer gesagt, meist glücklich, aber du hast es abgelehnt, dich einer Behandlung mit guter Aussicht auf Heilung zu unterziehen. Der Doktor hat dich nicht gefragt, warum, aber ich frage: Wie geht es dir jetzt, wo du dabei bist, dieses Leben aufzugeben, dich auf etwas einzulassen, das wie ein Selbstmordvertrag aussieht? Das ist eine gute Frage, antwortete ich, und dies ist meine Antwort: Ich fühle unendliches Bedauern. So unendlich wie der Ozean. Ich bin wirklich gern hier. Ich möchte bleiben. Ich will nicht gehen. Aber, aber, aber, wie ich dem Doktor sagte, ich will nur zu meinen eigenen Bedingungen bleiben. Die Stimme war nicht überzeugt. Hast du dir überlegt, was du tun kannst, wenn die Krebszellen sich nicht rühren, du aber einen Schlaganfall hast? Ja, wenn der Schlaganfall mich nicht ganz außer Gefecht setzt und wenn der Neurologe mich nicht überzeugt, dass die Wahrscheinlichkeit für einen zweiten Schlaganfall minimal ist, dann werde ich mich auf eine relativ schmerzlose Weise verabschieden. Als Richtlinie soll gelten: Ich will mich nicht ans Leben klammern und nicht für mich oder andere unerträglich werden.

Zu Hause zeigte der Anrufbeantworter eine neue Nachricht an. Von Roddy: Dad, ich habe vergessen, dir

Bescheid zu sagen. Du musst dir heute Abend *Saturday Night Live* ansehen. Um elf Uhr. Da wird unser zukünftiger Präsident, dein Favorit, aufs Korn genommen. Du wirst dich kaputtlachen.

Mein Sohn ist ein sehr netter Kerl, sagte ich laut. Das dürfen wir nicht vergessen.

Viel gelacht habe ich nicht, als ich zusah, wie Alec Baldwin Trump spielte. Ich war entsetzt. Der gewählte Präsident ist so sehr mit Retweeting beschäftigt, ja mit dem Retweeting zufälliger Botschaften, dass er sich eine Information des Geheimdienstes nicht anhören kann. Ja, die Satire war brillant. Ja, wahnsinnig komisch. Aber meiner Meinung nach war es auch ohne Zweifel ein Bild dessen, was wir zu erwarten haben. Siebenundsiebzigtausend Wähler in Wisconsin, Michigan und Pennsylvania hatten das Land einem eingebildeten, böswilligen Arschloch ausgeliefert.

Am nächsten Morgen um neun Uhr, als ich die Todesanzeigen in der Sonntagsausgabe der *NYT* durchlas, halb erleichtert, halb enttäuscht, denn noch hatte ich keinen Namen gefunden, der mir bekannt war, klingelte das Telefon. Ich nahm den Hörer auf und drückte den Sprechknopf, ohne auf dem Display nachzusehen, von wem der Anruf kam. Es war Penny, außer Atem schon zu dieser frühen Stunde. Sie hatte mich unter meiner Nummer in New York nicht erreichen können und versuchte jetzt ihr Glück in Bridgehampton. Ob ich am selben Abend zum Dinner zu ihr kommen würde? Nur du und ich und ein alter Freund von dir. Nein, ich sag dir nicht, wer. Ich lasse dich raten. Oder vielleicht sind wir auch zu viert, falls ich Sally Parker gewinnen kann. Acht Uhr? *Merde*, brummte ich vor mich hin, das will ich doch gar nicht. Nichts ist schlimmer als geheimnisvolle alte Freunde. Aber die Aussicht, Sally dort zu treffen, stimmte mich um. Ich sagte Penny, ich würde mit Freuden kommen. Ich glaube, das habe ich wirklich gesagt.

Sowie ich in Pennys Wohnzimmer kam, fand sich die Erklärung für den leicht triumphierenden Ton, den ich in Pennys Stimme zu hören meinte, als sie den alten Freund erwähnte. Mit dem Rücken zum Kaminfeuer stand Archbold Newsome, im College ein Jahr unter mir, ein Bekannter, ja, schon, aber ein Freund wohl kaum. Ich erinnerte mich, dass ich vor ein paar Jahren eine Todesanzeige für seine Frau gelesen hatte, eine Radcliffe-Studentin, die ich auch kannte; sie sei nach langem mutigen Kampf dem Krebs erlegen, hatte es geheißen. Von überlebenden Kindern hatte nichts in der Nachricht gestanden. Als auffallend reiche Erbin war sie Ziel der bühnenreifen emsigen Aufmerksamkeit einer Clique wortreicher und, wie ich fand, überspannter Epheben gewesen, allen voran Archie. Ich glaube, das Wort Homophobie kannte ich damals nicht, aber die namenlose Empfindung war, zusammen mit dem Antisemitismus unter meinen Zeitgenossen, virulent, und in der Gerüchteküche derer, die behaupteten, sich in solchen Dingen auszukennen, wurde gemunkelt, dass weder Archie noch seine Freunde sich für Mädchen interessierten. Deshalb müssten sie Mitgiftjäger sein, hieß es, eine Annahme, die, wenn man es recht bedachte, sich durchaus damit vertrug, dass Archie selbst reich war und reiche Eltern hatte. Reiche mögen andere Reiche. Dieser alte Kram tauchte ungebeten in meinem Gedächtnis auf, aus irgendeinem Speicher, in dem versauerte Trivialitäten verstaut sind, und gab mir die Grundlage für eine prompte Neueinschätzung dieses »alten Freundes«. Archie sah gut aus, viel besser als vor sechzig Jahren: Er hatte gerade genug Gewicht zugelegt, um stabil zu wirken, die Arme, die mich umfingen, zeugten von regelmäßigem Training mit Hanteln, er hatte eine gesunde Bräune, einen guten Haarschnitt und eine Tweedjacke, die mir gefiel.

Es ist viel zu lange her!, verkündete er.

Ich stimmte zu, sagte ihm, ich wisse von Lilly, sei wirklich traurig über die Nachricht gewesen und hoffe, er habe mir verziehen, dass ich ihm nicht geschrieben hatte. Zur Antwort umarmte er mich noch einmal und erklärte hastig, dass er bei einem Dinner der Hortons in der Stadt – ich hatte keine Ahnung, wer sie waren – auf Penny getroffen sei, sie am nächsten Tag zum Lunch eingeladen habe, dass es wieder zwischen ihnen gefunkt habe, *et voilà*! Er sei im Ruhestand, genau wie alle anderen, und einsam. Genau wie Penny! Du weißt, dass wir keine Kinder hatten, Lilly und ich. Mit Penny ist es ganz wie in alten Zeiten.

Meinen Glückwunsch, sagte ich ihm vollkommen ernst, ich wünsche euch beiden Glück.

Was immer man damals als seinen verqueren Touch verlacht hatte, war verschwunden, vielleicht die Wirkung des Alters, vielleicht nie vorhanden gewesen. Jedenfalls hatte es nichts zu bedeuten. Was ich damals über Schwule gewusst hatte, belief sich auf ein paar schmutzige Witze, die ich vergessen hatte. Bestimmt hatte ich nicht gewusst, dass auch äußerst maskuline Männer sich sexuell zu anderen Männern hingezogen fühlen können. Aber dass er sagte, »es« habe »wieder« zwischen ihnen »gefunkt«, weckte meine Neugier. Was zum Teufel sollte das heißen? Penny klärte mich beim Kaffee auf, nachdem sie mich auf eine Chaiselongue neben sich gezogen hatte. Archie werde mit ihr in Springs leben und sie mit ihm in seiner Stadtwohnung. Er hat natürlich auch das Haus in Millbrook, aber dort hält er es nicht aus. Das Haus wurde nur gebraucht, weil Lilly Pferde hielt und jagte, so lange sie konnte. Ohne sie hat es keinen Sinn. Er will es wohl verkaufen.

Jetzt musste ich ihr Glück wünschen. Wieder tat ich es in allem Ernst. Einsamkeit ist schrecklich, sagte ich. Du hast Glück. Und ihr habt keine Zeit vergeudet, Archie und du. Ist dies nicht bemerkenswert schnell gegangen? Ein echter *coup de foudre!*

Sie lachte, und ich glaube, sie errötete. Eigentlich nicht, flüsterte sie. Archie und ich hatten schon mal was miteinander, vor langer Zeit, als Lilly gerade krank geworden war, und weißt du ... Meine Beziehung zu Dwight – je weniger man dazu sagt, desto besser. Es ist wirklich eine Heimkehr.

Penny hatte mich hinters Licht geführt, als sie sagte, wir wären nur zu dritt oder viert beim Dinner. Sie hatte noch ein anderes Paar eingeladen, den ehemaligen Botschafter in der Türkei und seine Frau. Es stellte sich heraus, dass Archie und der Botschafter enge Freunde waren, und der Zufall der Platzierung bei Tisch und die Tischgespräche verhinderten, dass ich mehr als ein paar Worte mit Sally wechseln konnte. Als wir aufstanden, sagte sie mir, sie habe sich von Uber zu Penny bringen lassen; in der Dunkelheit fahre sie nicht gern selbst, erst recht nicht, wenn sie ein, zwei Gläser zu viel getrunken habe. Ob ich sie nach Hause bringen würde? Natürlich, gern.

Ich denke, Penny hat gut für sich gesorgt, bemerkte sie, als wir im Auto saßen. Er ist vorzeigbar. Sieht gesund aus. Hat eine eigene Wohnung und besitzt ein Haus, also ist er nicht nur, weil er ein Dach über dem Kopf braucht, zu ihr gezogen. Manche Leute haben nur Glück. Ich hasse das Alleinsein, und ich bin immer allein gewesen, seit wir uns getrennt haben, der grausige Ted und ich. Was mache ich nur falsch, was meinst du?

Absolut nichts, erwiderte ich. Vielleicht bist du zu wählerisch.

Vielleicht, sagte sie. Wenigstens habe ich meinen vierbeinigen Hugo und dich, großer Vetter Hugo. Warum kommst du nicht herüber und spielst mit dem kleinen Hugo? Er ist jetzt reifer und sehr gesittet. Möchtest du morgen mit mir zu Mittag essen? Wenn du ein bisschen früher kommst, sagen wir, um zwölf, können wir vor dem Essen einen Spaziergang am Strand machen.

Alles, was ich für mein Buch tun musste, hatte ich erledigt, und ich hatte mich auf den ersten Essay für die Züricher Zeitung vorbereitet. Kein Grund, diese Einladung nicht mit Freude anzunehmen.

Danke! Ich komme.

Zum Ozean musste man von Sallys Haus nur über die Düne. Der kleine Frenchie brauchte keine Leine. Als Sally das Wort »Strand« sagte, schoss er los, und wir mussten einen Schritt zulegen, um ihn nicht aus den Augen zu verlieren.

Er erledigt seine sämtlichen Geschäfte am Strand, erzählte sie mir. Nie im Garten. Das findet er ungezogen. Wenn es heftig windet oder regnet, muss ich ihn auf die Straße führen. Ein besseres Beispiel für Eleganz musst du erstmal finden!

Als das Geschäft erledigt war, sammelte Sally es mit einem Plastikbeutel auf. Auf diesem Gebiet der Etikette kannte ich mich nicht aus, verstand aber irgendwie, dass ich Sally den Beutel abnehmen und tragen musste. Beide, sie und der kleine Frenchie, gaben mir das Gefühl, dass ich das Richtige getan hatte.

Jetzt ruf ihn, Hugo, sagte Sally, mal sehen, ob er kommt. Natürlich kam er nicht, worauf sie mir ihre Hundepfeife gab und mich anwies, sie auszuprobieren und ihm eine Belohnung zu geben, wenn er kam. Das funktionierte, einmal und dann wieder. Bravo, sagte Sally, jetzt kannst du ihn auch einmal ausführen, wenn du möchtest. An diesem Strand besteht wirklich keine Gefahr. Keine Straße, auf die er laufen könnte, gar kein Risiko, und er ist zu vorsichtig, um in die Wellen zu gehen. Ach, übrigens, bist du Weihnachten hier?

Sehr wahrscheinlich, wenn es keinen Schneesturm gibt.

Dann komm zum Dinner am Weihnachtsabend oder zum Lunch am Weihnachtstag oder zu beidem. Mach nicht so ein Gesicht! Weihnachtslieder werden wir nicht singen, und falls nicht meine Söhne mich mit einem Besuch beehren – damit rechne ich nicht, glaub mir –, könnten wir gut allein sein.

Sally, sagte ich, Sally, wir kennen uns schon so lange. Du weißt, dass ich kein Typ für Feiertage bin. Hab Erbarmen!

Erbarmen ist nicht. Ich zähle auf dich. In Ordnung? Sagen musst du nichts. Nicken reicht.

Ich tat wie geheißen.

Gehst du wieder nach Paris zurück oder nach Wien oder sonst wohin?

Womöglich nach Paris, ein paar Tage im Januar. Ich weiß es noch nicht.

Na gut, aus Gründen, die ich ein andermal verrate, möchte ich dich hierhaben. Verstanden?

Als ich ihr für den Kaffee dankte und mich zum Aufbruch bereit machte, sagte sie: Warum lädst du mich nicht zum Dinner ein? Wir haben es so gut zusammen.

Ich erwiderte, liebend gern, wann denn?

Freitag?

Das ist ein scheußlicher Abend zum Ausgehen, sagte ich, der Lärm in den Restaurants ist so groß, dass ich kein Wort verstehen würde. Wäre Sonntag dir recht?

Nein, sagte sie, und schüttelte den Kopf. Ich möchte eher kommen. Am Freitag. Kannst du mich nicht zum Dinner in dein Haus einladen?

Perfekt! Wenn es dir nichts ausmacht, ein im Laden gekauftes Brathuhn oder Ähnliches zu essen.

Auf meinem Heimweg lachte ich. Eine Einladung, diesen wunderbaren kleinen Frenchie auszuführen, die Chance auf ein Dinner mit meiner schönen Cousine, die ich immer gerngehabt hatte, das ließ sich gut an für einen jämmerlichen alten Knacker wie mich, diesen zerlumpten Mantel, der am Stock geht. Vorläufig war ich mit mir zufrieden.

Am nächsten Tag nach dem Frühstück öffnete ich meinen Laptop, um neue E-Mails zu lesen, und sah, dass ich eine Nachricht von Jeanne hatte. Ich muss mit dir reden, stand darin, ich bin zu Hause.

Die Nachricht war vor einer knappen halben Stunde abgeschickt worden. Ich wählte ihre Nummer. Sie ging selbst ans Telefon.

Sie kam ohne Umschweife zum Punkt.

Hugo, ich fand, ich sollte es dir gleich sagen, und ich meine, Reden ist besser als Schreiben. Ich bin wieder mit Yves zusammen – so hieß das berühmte französische Akademiemitglied. Du weißt, dass er mich wegen einer anderen Frau verlassen hat. Ich weiß nicht, ob ich dir erzählt habe, dass sie ihn nach ein paar Jahren sitzen ließ, brutal. Inzwischen ist Yves' Frau gestorben. Er ist ganz allein und krank. Sein Herz und seine Lunge sind angegriffen. Vielleicht der Beginn eines Emphysems. Er braucht mich. Und ich liebe ihn. Ich habe nie aufgehört, ihn zu lieben. Die Rückkehr zu ihm hat mir klargemacht, dass die Zeit mit dir im letzten Monat eine wunderbare Ablenkung war. Das ist alles. Ich bin dir dankbar. Ich hoffe, dass du Verständnis hast – das hast du immer – und dass wir Freunde bleiben.

Ich war mir nicht sicher, was ich empfand. Dass sich unerträgliche Kopfschmerzen ankündigten? Dass ich nicht hatte verstehen können, was sie sagte? Dass ein unbestimmtes Unglück über mich gekommen war? Ich war so verwirrt, dass ich gar nichts sagte.

Hugo, du hast doch gehört, was ich sagte? Ich bin wieder mit Yves zusammen. Verstehst du?

Ich riss mich zusammen und sagte, ja, natürlich. Ich wünsch dir Glück. Wirst du Hubert verlassen?

Das kann ich nicht. Aber je nachdem, wie es um Yves' Gesundheit steht, muss ich es womöglich einrichten, dass er zu uns zieht. Das wäre so sinnvoll. Diese Wohnung ist so groß. Im Poitou steht ja ein ganzes Chateau. Da könnte er einen Flügel für sich allein haben. Das müssen wir dann sehen.

Hatte sie den Verstand verloren? Einen billigen Witz konnte ich mir nicht verkneifen:

Ein Feldlazarett, kommentierte ich langsam, im Ton einer Persiflage, mit dir als Oberschwester! Wie gesagt, viel Glück!

Du bist ein *vrai salaud*, ein solcher Mistkerl, schrie sie ins Telefon und legte auf.

Als sie mich das letzte Mal so nannte, schlug sie mir auch ins Gesicht. Hatte sie am Ende recht?

In der Erde versinken? In die Stadt zurückfahren, das Internet in der Wohnung ausschalten, das Telefon blockieren, mir Essen liefern lassen? Wie sollte ich meine Schande verbergen? So erschien mir der Horror dessen, was mir passiert war. Gloria konnte jeden Moment kommen. Ich wollte weder ihr noch sonst wem unter die Augen treten, ließ also das Frühstücksgeschirr stehen, sparte mir das Zähneputzen und fuhr zum Strand. Ein sehr langer Gang über den harten Sand, den ganzen Weg vom Bridgehampton Beach Club bis nach Georgica. Nirgendwo ein Mensch. Halb wünschte ich mir, Hugo oder ein anderer netter Hund wäre bei mir, aber vielleicht war es so besser. Keine Verantwortung. Niemand, hinter dem ich aufräumen musste, niemand, den ich zurückpfeifen musste, wenn er weglief, niemand, der mich anhimmelte und um einen Leckerbissen bettelte. An einer Stelle, wo der Ozean ein Riff in den Strand gemeißelt hatte, legte ich mich nieder und starrte in den Himmel. Nach einer Weile fragte ich mich, worin die Schande eigentlich bestehe. Darin, dass sie mich hatte fallenlassen wie ein gebrauchtes Kleenex, um die einprägsame Phrase ihres Vaters zu wiederholen? Und wenn schon. Sie hatte mich vor kaum zwei Monaten schamlos und unerwartet aufgesammelt. Ich hatte sie während meiner sentimentalen Reise besucht, zum Dinner eingeladen und mich dann in der Bibliothek ihres dementen Ehemannes beim Oralsex mit Madame la comtesse wiedergefunden. Für sie nichts Besonderes, inszeniert, um mich mit der Erinnerung an mein früheres Benehmen zu demütigen. Yves, das Akademiemitglied – wie hätte ich mir auch nur annähernd vorstellen können, was diese beiden verband, welche neue Bedeutung er ihrem Hungerleben mit dem Nachfahren der Kreuzritter gab? Jetzt hatte sie ihren Stolz überwunden, um Yves zurückzunehmen – ich war ein Mistkerl, wenn ich mich nicht für sie freute und ihr alles Gute wünschte wie ein wahrer Freund.

Noch ein paar solche Gedanken, sagte ich mir, und du wirst verrückt oder meldest dich freiwillig für die Arbeit in einer Leprakolonie, falls es diese Kolonien noch gibt.

Ich stand auf, drehte mich zur Düne um und urinierte mühelos und ausgiebig – wie lange werden mir diese verdammten Zellen solche schlichten Freuden noch erlauben –, fasste Tritt und marschierte zügig heimwärts. Heidi, Heidi ho! Heidi, Heidi hier! Marsch, marsch, drei vier, Krebs marschiert mit, im gleichen Schritt, marsch!

Eine lange Erfahrung im Umgang mit mir hat mich gelehrt, gute Entschlüsse prompt umzusetzen. Nicht unbedingt, weil ich meine Meinung mit einiger Wahrscheinlichkeit ändere. Eher, weil ich einfach den Antrieb verlieren könnte. Nie dazu komme, auch wirklich auszuführen, was ich mir vorgenommen habe.

In Paris war es noch so früh am Tag, dass ich meine Floristin an der Place du Palais-Bourbon anrufen konnte. Eine sehr besondere Pflanze für Madame de Viry, sehr besonders soll sie sein, aber keine Orchidee.

Ich wollte sie nicht an den Anlass meines letzten Orchideengeschenks für sie erinnern.

Ich habe einen wunderbaren weißen Azaleenbaum, sagte mir die Floristin. Ich bin sicher, dass er Madame la comtesse gefällt.

So sei es, sagte ich und diktierte, was auf der Karte stehen sollte, die zusammen mit der Pflanze geschickt wurde: Alles Gute und viel Glück von ganzem Herzen.

Ob meine Geschichte ein Happy End hat? Schauen Sie sich um: Jedes Leben nimmt ein mehr oder weniger schlimmes Ende. Warum sollte meines eine Ausnahme sein?

Ich holte das gebratene Huhn im letzten Augenblick, damit es knusprig und noch warm war, servierte dazu Räucherlachs als ersten Gang, kalte, scharf gewürzte Nudeln zum Huhn, Muskattrauben und ein dickes Stück Stilton. Sherry-Lehmann hatte vor kurzem eine Kiste von dem Chinon geliefert, den ich gern trinke. Ich entkorkte eine Flasche und stellte eine zweite auf die Anrichte – für alle Fälle. Die Nacht war kalt. Ich machte Feuer in der Bibliothek und sorgte dafür, dass das Feuerholz im Esszimmer korrekt geschichtet war. Anzünden würde ich es, wenn wir uns zum Essen setzten. Ich wusste nicht mehr, wann ich zuletzt einen Essensgast in diesem Haus hatte. Natürlich, als Valerie noch da war. Das erklärte sicher einen Teil meiner Nervosität. Wie hätte ich meinen Zustand sonst nennen sollen. Und es war nicht zu leugnen: Ich freute mich wie ein Kind, dass der Gast meine kleine Cousine Sally war.

Sie langte zu und behauptete, alles auf dem Tisch sei genauso, wie sie gehofft habe.

Na ja, Sally, sagte ich, es hat mal eine Zeit gegeben, da ich ein gutes Dinner hätte kochen können. Vielleicht ein Steak grillen. Ich bin aus der Übung!

Während unserer Unterhaltung merkten wir beide, wie wenig ich von ihrem Eheleben wusste. Sie war schließlich ungefähr zwanzig Jahre jünger als ich! Ich war aus Paris zu ihrer Hochzeit in Boston gekommen. Das war ganz selbstverständlich gewesen. Meine Eltern lebten noch. Als ich im College war, hatte ich unzählige Male im Haus ihrer Eltern zu Abend gegessen und in meiner Internatszeit gelegentlich einen Samstag oder Sonntag mit ihnen zugebracht, wenn meine Schule uns für das Wochenende freigab. Sie war meine liebste junge Verwandte. Dann verschwand sie mit ihrem Mann an die Westküste.

Weißt du nicht, was passiert ist?, fragte sie.

Ich schüttelte den Kopf.

Ich dachte, alle wüssten es, rief sie, nach zwanzig Jahren Ehe hat er beschlossen, jetzt sei es Zeit für ihn, er selbst zu sein. Für ihn hieß das, mir zu sagen, er leide an Genderdysphorie, den Terminus benutzte er, und ich musste ihn im Lexikon nachschlagen: Geschlechtsidentitätsstörung; ihm sei klar geworden, dass er in Wirklichkeit eine Frau ist, und er werde die Transition vollziehen! Das verkünde er *urbi et orbi*, damit es nur ja nicht zu Missverständnissen komme, und unseren Jungen habe er es auch schon erzählt! Ich habe gesagt: Und das hast du jetzt, nach fünfundzwanzig Jahren, zwei Kindern und einem normalen Leben entdeckt? Ich glaube, ich habe noch schlimmer getobt und ihn zum Schluss etwas wirklich Dummes gefragt: Warum kannst du nicht einfach weiter so sein, wie du bist, und es mit Crossdressing oder so versuchen?

Und was hat er gesagt?

Er hat sich zu seiner vollen Höhe von 189 Zentimetern aufgerichtet und erklärt: Ich kann nicht länger eine Lüge leben! Da habe ich ihm dann eine riesige Venini-Vase auf dem Schädel zertrümmert. Er musste mit zehn Stichen genäht werden. Das ist natürlich gar nichts im Vergleich zu dem, was er anschließend durchgemacht hat. Nicht nur Hormontherapie und Brustvergrößerung, sondern Kastration, Entfernung des Penis und, nach Auskunft meines älteren Sohnes, auch Konstruktion einer Vulva. Kannst du dir das vorstellen? Ich meine, wenn er genagelt werden will, geht's auch anders!

Diese Geschichte ist für mich zu postmodern. Irgendwas sagt mir, wenn er sich wirklich so gefühlt hat, bist du jetzt, nachdem er gegangen ist und es getan hat, besser dran. Dass er meint, er sei jetzt auch besser dran, kann man nur hoffen.

Ich habe so viel hin und her überlegt und gegrübelt, bis ich ganz zermürbt war, erwiderte sie. Jetzt weiß ich nur noch eins: Ich bin sehr einsam. Ich habe niemanden. Sohn Nummer eins lebt in Singapur, Sohn Nummer zwei auf Hawaii. Beide sind verheiratet, haben keine Kinder. Sag's nicht weiter, aber es stimmt: Sie haben weder Ted noch mich zur Hochzeit eingeladen. Ich komme wieder auf dasselbe zurück: Ich bin einsam. Ich habe keinen unangenehmen Körpergeruch, mein Atem riecht frisch, das kann ich versprechen. Wie du siehst, gehöre ich zum Club der Teller-leer-Esser, und Tischmanieren habe ich auch. Vielleicht bin ich nicht reich genug. Es gibt Kerle, die meine Familie kennen, die über Ted Bescheid wissen und meinen, ich hätte Geld. Dann prüfen sie die Lage und finden heraus, dass nicht alles Gold ist, was glänzt. Und sie suchen das Weite, auch wenn sie mich flachgelegt haben.

Ich machte Kaffee mit meiner neuen Espressomaschine, und wir setzten uns in die Bibliothek.

Was für ein gutes Feuer, sagte sie, was für ein schöner Raum, was für ein guter Gastgeber! Würdest du diesem einsamen Mädchen wohl einen Brandy oder einen Single Malt Scotch Whiskey gönnen?

Ich schenkte uns beiden einen Scotch ein. Dann noch einen. Dann sagte Sally: Ich sollte nach Hause gehen, aber ich bin zu betrunken. Irgendwo in diesem schönen Haus muss doch ein Gästezimmer sein. Darf deine Cousine Sally wohl hier übernachten? Und vielleicht frühstücken?

Ich sagte, die Antwort auf beide Fragen sei Ja, und eine Zahnbürste und Zahnpasta für Gäste hätte ich, und eines von meinen L.-L.-Bean-Hemden könne vielleicht einen Pyjama ersetzen.

Schon gut, lachte sie, ich habe vorhergesehen, dass ich vielleicht um ein Nachtquartier bitten muss. Wenn du so freundlich wärst, zu meinem Auto zu gehen, Vetter Hugo, dann findest du auf dem Rücksitz eine Tasche mit allem, was ich brauche.

Am nächsten Morgen kam sie die Treppe in dem Moment herunter, als ich mit Scones, die ich zum Frühstück geholt hatte, und mit der *NYT* durch die Haustür trat.

Ich hab so gut geschlafen, sagte sie, deine Küche ist so schön, und es riecht so köstlich nach Kaffee und dann die Scones, die so lecker aussehen! Mehr kann ein Mädchen auf Abwegen wohl nicht verlangen.

Sie trug einen weißen Bademantel über ihrem weißen Pyjama, sah erfrischt aus wie Morgentau, vielleicht, weil sie ja offensichtlich gerade aus der Dusche kam.

Wir frühstückten schweigend, teilten uns die Zeitung. Nach der zweiten oder dritten Tasse Kaffee sagte sie, Cousin Hugo, ich möchte einen Vorschlag machen. Hör zu: Wie ich ja gestern schon viel zu langatmig beim Abendessen erklärt habe, bin ich sehr einsam. Ein sehr lästiger Aspekt meines Zustandes ist, dass ich niemanden habe, der mich irgendwohin mitnehmen kann, zu Partys und Dinners, bei denen man immer mit jemandem kommen muss, oder ins Theater oder in die Oper. Würdest du mein offizieller Beau werden? Bitte sag ja!

Aber ich kann große Cocktailpartys und Dinner nicht leiden, meine liebste Cousine Sally! Das weißt du doch.

Oh, aber ich könnte zusehen, dass solche Gelegenheiten ganz selten wären. Und du könntest auch immer nein sagen, wenn dir etwas zu langweilig vorkäme. Aber ich würde gern in der Stadt bei dir wohnen. Ich glaube nicht, dass ich jemals in deiner Wohnung war. Ich bin mir trotzdem sicher, dass du dort ein ebenso schönes Gästezimmer hast wie hier. Und ich hätte es gern, wenn du mich in der Stadt ausführtest. Ich wäre dir keine Last, Hugo, ich würde meinen Anteil immer selbst bezahlen.

Jetzt redest du Unfug, sagte ich, meine kleine Cousine Sally lade ich natürlich zum Essen oder in die Oper ein.

Dass du das sagen würdest, habe ich mir gedacht. Du bist so altmodisch. Und wenn uns danach ist, wenn wir in der richtigen Stimmung sind, könnten wir von Zeit zu Zeit kuscheln. Das ist auch altmodisch, Hugo, und könnte so hübsch sein!

Sie stand von ihrem Stuhl auf, und bevor ich begriff, was sie vorhatte, saß sie auf meinem Schoß und legte die Arme um mich.

Fühlt sich das etwa nicht gut an?

Doch, sehr gut sogar. Sie war leicht, warm und wohlriechend. Das sagte ich ihr auch. Und dann sagte ich ihr, wir könnten uns einig werden, aber Sex sei ausgeschlossen, auch wenn er mir noch so lieb wäre. Ich sei zu alt. Es könne nicht funktionieren, es könnte kein gutes Ende nehmen.

Aber dies könnte doch dazugehören?, fragte sie und schmiegte sich an mich. Dass wir es uns zusammen gut gehen lassen? Wenn das sein kann, wenn du ja sagst, dann gebe ich noch etwas dazu, was du nicht zurückweisen kannst: Ich will mich mit dir zusammen um meinen kleinen Frenchie kümmern. Ist das ein Vorschlag? Hab ich deine Zustimmung?

Ja, sagte ich, die hast du. Ganz sicher.